29歳で図書館長になって

吉井潤
Yoshii Jun

青弓社

29歳で図書館長になって　目次

第3章 想像と創造のための設備と施設

第4章　資料と情報源　101

第5章

提供するサービス

第6章 図書館活動を豊かにするための資金繰り——179

カバー挿画――小川里恵子
扉イラスト――吉鹿マオ
装丁――――犬塚勝一

はじめに

「若い図書館員の図書館に関する考え方をまとめて一冊本を出したいと思っているのですが、どうでしょうか」。二〇一三年九月に昭和女子大学の大串夏身先生からこのような話がきた。大串先生とのご縁は早稲田大学で司書資格の授業を履修して以来である。ちょうどその頃、筆者は仕事をしながら通っていた慶應義塾大学大学院の修士論文にとりかかって手いっぱいだった。書いてみたいとは思っていたが、構成案は頭の片隅にあるだけだった。

筆者は二〇〇六年に大学を卒業後、山梨県の山中湖村にある山中湖情報創造館、東京都練馬区の練馬区立南田中図書館、新宿区の新宿区立角筈図書館、一三年四月からは江戸川区立篠崎図書館と篠崎子ども図書館の館長として、図書館で働いている。館長就任時は二十九歳だった。二十九歳で図書館の館長は若いのか若くないのかはわからない。筆者が知っている限り、過去に二十六歳で図書館の館長になった人がいる。年齢は気にしていない。世の中には二十代で会社の社長をしている人もいる。会社の業績には社長自身だけではなく、従業員とその家族の生活がかかっている。会社経営はときには大きな決断を迫られるときがある。図書館と会社を比較することは間違いかもしれないが、プレッシャーの度合いは違うだろう。

図書館員として来館者と接してきた経験、館長としての経験をふまえて、今後の図書館のあり方に対して思うことはある。大串先生の話をお受けしようと思ったのは、二十代・三十代の図書館員があまり発言していないように感じたからである。たとえば、図書館総合展や研修などで登壇する講師は実績がある図書館業界の重鎮である。筆者は図書館で働き始めた当初から、折々研修などに参加してきたが、いまも登壇される人はほとんど同じである。『図書館雑誌』(日本図書館協会)などで名前を見る人もだいたい固定されている。新しく名前を見る人が少ないのは図書館業界として残念だと思う。先輩方の研究や実践をふまえて、二十代・三十代の図書館員がこれからどのような図書館にしていくのか、どうしたらいいのかを言い表さなければ、ますますこの先は暗いと考える。

本書を読んだ若い図書館員が、「これはできる」「これは到底無理だ」「いや、私はこう考える」と思い、それぞれ自身が理想とする図書館について声に出す契機となれば、と考えた。さらに、将来は図書館員になりたいと大学や短期大学で司書資格の授業を履修している学生や図書館に興味をもっている人が読んでも立ち止まることなく想像がふくらむように、具体例をふまえて、なるべく専門用語を使わないようにした。新しく図書館を作るときや大規模改修をおこなうときの参考になれば幸いである。本書で述べた内容には、いますぐに実践できないこともある。夢物語に終わるかもしれないものもある。それでも、現場で日々来館者と接している図書館員が図書館について思いをめぐらすとき、かたわらにある一冊となれば幸いである。

第1章
これからの図書館

1―1 想像と創造する場としての公立図書館

本を借りるだけではなく、想像と創造ができる場としての公立図書館にしたい。図書館は人が創造した本や雑誌などを集め、利用できるように置いている。図書館員は集めたものを多くの人に見てもらえるように整理する。整理したものを来館者に手に取ってもらうように工夫をしている。来館者は図書館にあるものを手に取って利用することで最新の情報を入手し、いままで知らなかったことを知る。図書館に行って想像をふくらませ、創造をしたいと思うようにしたい。

これまでほとんど図書館を使ってこなかった人にも、来てもらえるような仕掛けを作りたい。「そうだ！　図書館に行こう」と、特に一日の予定はない人がとりあえず行ってみようと思える場にしたい。そして、これまで図書館で本を借りるだけだった人が、本を読むだけではなく、本を使って何か想像や創造をおこなえるようにしたい。図書館で朝、新聞だけを読んでいる人にも、ほかのことにも興味をもってもらえるようにしたい。

日常の会話で図書館のことが出てくるようにしたい。きょうは図書館に行くと何があるか。本を借りたあとで何をしようか。図書館で本を見ながらみんなで簡単な調理をし、みんなで食べる。たまには子どもと一緒に、絵本に出てきた料理を作って食べる。本を見ながら工作室でノコギリを使って木を切る。切ったものを組み合わせて椅子を作り、できあがった椅子がたまたま通りがかった来館者の目にとまる。作った人は、声をかけられてますますやる気が出る。

つまり、図書館に行く前にいろいろ想像できるような図書館である。図書館に行くことで楽しみが増え、新しいひらめきがわくようにしたい。

これからは、図書館としての基本的な部分は大切にしながらも、図書館でおこなえる活動は大きく拡張すべきである。ちなみに、基本的な部分とは、具体的にいうと図書館法第三条のことである。

第三条　図書館は、図書館奉仕のため、土地の事情及び一般公衆の希望に沿い、更に学校教育を援助し、及び家庭教育の向上に資することとなるように留意し、おおむね次に掲げる事項の実施に努めなければならない。

一　郷土資料、地方行政資料、美術品、レコード及びフィルムの収集にも十分留意して、図書、記録、視聴覚教育の資料その他必要な資料（電磁的記録（電子的方式、磁気的方式その他人の知覚によつては認識することができない方式で作られた記録をいう。）を含む。以下「図書館資料」という。）を収集し、一般公衆の利用に供すること。

二　図書館資料の分類排列を適切にし、及びその目録を整備すること。

三　図書館の職員が図書館資料について十分な知識を持ち、その利用のための相談に応ずるようにすること。

四　他の図書館、国立国会図書館、地方公共団体の議会に附置する図書室及び学校に附属する図書館又は図書室と緊密に連絡し、協力し、図書館資料の相互貸借を行うこと。
五　分館、閲覧所、配本所等を設置し、及び自動車文庫、貸出文庫の巡回を行うこと。
六　読書会、研究会、鑑賞会、映写会、資料展示会等を主催し、及びこれらの開催を奨励すること。
七　時事に関する情報及び参考資料を紹介し、及び提供すること。
八　社会教育における学習の機会を利用して行った学習の成果を活用して行う教育活動その他の活動の機会を提供し、及びその提供を奨励すること。
九　学校、博物館、公民館、研究所等と緊密に連絡し、協力すること。

この図書館法第三条をすべて実施できているところは多くはないだろう。また、すべて実施できているとしても程度の濃淡はある。それは自治体の規模や図書館の規模も影響している。けれども、第三条に示されたことをすべて実践すれば、おのずと想像・創造する場としての図書館になっていくのである。なかでも第一項から第五項までは戦後の先輩方による実践と研究の積み重ねがある。図書館は無料で本を借りることができ、無料で新聞と雑誌を読める場所であることは定着している。いままでの積み重ねがあるから今日の図書館がある。おかげで現在、これからの図書館のあり方について話ができるのである。

1―2　先人の実践

一九六〇年頃まで日本の図書館は学生の勉強部屋だった。図書館は高校生と受験生の自習の場所だった。席が必要だった。五三年の東京都杉並区立図書館の来館者調査では、延べ四千六百八十一人の来館者中、高校生と受験生を主とする学生が七三％、一般成人は一八％、主婦の利用はほぼ皆無だった。(1)「古い蔵書と狭い部屋に四十五の閲員席を設けて、開館した図書館であって、閲覧者は八七％余りが学生、主婦を中心とした無職と児童がこれにつぐといった状況が続いた(2)」ともいう。特定の人にしか図書館は利用されていなかったのである。五六年に東京都大田区立池上図書館が開館した。この図書館は全面開架方式の図書館だった。(3)これは図書館に入って自由に本棚で本を探せるということである。

一九六三年に図書館関係者の業界団体である日本図書館協会は『中小都市における公共図書館の運営』（通称：『中小レポート』）を発表した。全国の中小都市の公立図書館七十一館の実態調査をまとめて、具体的な図書館運営の方向性を提案したものである。そこでは、「公共図書館の本質的な機能は、資料を求めるあらゆる人々やグループに対し、効果的かつ無料で資料を提供するとともに、住民の資料要求を増大させるのが目的である(4)」と述べられている。ここでいっている「提供」は、館内利用だけではなく、本を図書館で借りて帰って家で読んでもらおうということだ。それまでは学生の勉強部屋だった図書館を貸出を基本に転換しようとした。

図書館内にあった閲覧机は減った。図書館内の柱に沿って椅子を置いただけのところもあった。さらに、図書館員が図書館から外に出て本を多くの人に手に取ってもらおうとした。本と職員を乗せて走っている車を見たことはあるだろうか。図書館業界では移動図書館[5]と呼ばれている。これは図書館を利用しにくい人のために各地を定期的に巡回しているものである。

日本図書館協会はさらなる実践をめざした。公共図書館振興プロジェクトを発足させた。一九七〇年には『市民の図書館』をプロジェクトの成果として発行した。『市民の図書館』の「はじめに」では以下のことが記されている。「私たちは、いま市立図書館のやらなければならないことを、つぎのように考えています。(1)市民の求める図書を自由に気軽に貸出すこと(2)児童の読書要求にこたえ、徹底して児童にサービスをすること(3)あらゆる人々に図書を貸出し、図書館を市民の身近に置くために、全域サービス網をはりめぐらすこと」[6]。ここでも図書館に置いてある本などを一定期間、図書館の外に持ち出す貸出サービスを前面に出したものになった。子どもから大人まで使えるように取り組んだ。全国的に図書館の来館者数と貸出冊数が増加していった。七〇年代から八〇年代にかけて図書館の数が増えた。五四年の全国の図書館数は七百五十三館、六四年の図書館数は七百五十六館、七四年には九百八十九館、八四年には千五百六十九館[7]になった。

一九八〇年以降は一つの自治体に複数の図書館が建てられるようになった。大型図書館を作り、本だけではなくたくさんの種類の雑誌、カセットテープやビデオテープなどを置いた。休日に家族が自動車に乗って遠方から大型図書館に行き、それぞれ別々のことをしていた。平日よりも休日の

表1　公共図書館経年変化（個人貸出冊数、資料費は前年度）

年	図書館数	登録者数（千人）	蔵書冊数（千冊）	個人貸出冊数（千点）	資料費（万円）
1983	1,487	10,947	97,172	188,280	1,463,510
1993	2,118	21,950	198,244	330,099	3,087,855
2003	2,759	42,705	321,811	571,064	3,248,000
2013	3,248	54,792	417,547	711,494	2,793,171

ほうが図書館の利用は増えた。一方、住民の身近な小型図書館も建てられ、貸出を目的に利用された。さらに、住民の公共施設に対する要求が多くなり、一つの建物のなかにさまざまな公共機関が入る複合施設が設けられ、図書館もそのなかに入るようになった。

二〇〇六年には文部科学省が設置した「これからの図書館の在り方検討協力者会議」による「これからの図書館像」[8]がまとめられた。いままでの貸出サービスなどを維持しながら、地域の課題解決や調査研究を支援する新たな取り組みを実施するというものである。図書館業界では課題解決型サービスと呼ばれる。具体的には産業振興や起業応援をおこなうビジネス支援サービス、健康や医療関係の情報を提供するサービスなどをおこなっている図書館がある。

このようにして戦後の日本の図書館は発展していった。ここまで簡単に紹介したが、ほかにも奥深い話はたくさんある。図書館の歴史に興味をもった人は、図書館に置いてある図書館史の本を読んでほしい。表１は日本の公共図書館経年変化である。[9]一九八三年と二〇一三年の三十年間を比較すると（ちなみに筆者は一九八三年生まれ）、図書館数は約二倍、本を借りて家で読むために登録した人数（登録者数）は約五倍、図書館がもっている冊数（蔵書冊数）は約四倍、個人で本・雑誌・ＣＤなどを借りた点数（個人貸出冊数）は約四倍、本・雑誌・CDなどを買う資料費は約二倍になった。このように資料費以外は順調に数が増えている。いま、私たちが図書館に行って館内を自由に歩いて本棚で本を探すこと、本を借りて一定期間家で読むこと、ある分野に特化した調べものを図書館でおこなうことができるのも、先輩方の実践のたまものだとつくづく思う。

1―3　もっと多くの人に図書館が使われるために

先駆者の実践によって、日本国内の図書館の状況は数十年前と比べると格段によくなっている。図書館は使われるようになってきている、ともいえる。しかし、二〇一〇年度の図書館、博物館、公民館などの社会教育関係施設の利用者数（当該施設が主催または共催した学級・講座や諸集会の参加者数を除く）は、社会体育施設（公営の体育館や水泳プール、運動場などのスポーツ施設）が四億八千六百二十八万三千人で最も多い。次いで公民館は二億四百五十一万七千人、図書館は一億八千七百五十六万二千人だった。[10]これを国民一人あたりの利用状況に置き換えると次のようになる。社会体育施設を利用するのは年三・八回、公民館は年一・六回、図書館は年一・五回[11]の利用である。つまり、図書館は社会体育施設よりも使われていないのである。

図書館はもっと多くの人に利用されるべきである。多くの人が図書館を利用することでその人の想像と創造がより活発になる。そのためには、いままでの本の貸出サービスはこれからも大事にしながら、図書館を使っていない人にも使ってもらえるような取り組みにも力を入れていくべきである。

まず、貸出について述べる。二〇一三年の個人貸出冊数を日本の人口で割ると国民一人あたり五・五冊である。筆者としては十冊になってほしいと考える。税金で買った図書館の本や雑誌などを無料で、一定期間ではあるが個人が自由に使えるということは重要な公共サービスである。家で読んだり、通勤や通学の途中で読んだり自由に利用できることは、次の本や図書館の利用につながる。

『レジャー白書』によれば、仕事、勉強などを除く娯楽としての読書の年間活動回数は四十八・九回[12]となった。これはＳＮＳ（ソーシャルネットワーキングサービス）などのデジタルコミュニケーション（七十八・一回）、ソーシャルゲームなどのオンラインゲーム（七十五・三回）、音楽鑑賞（五十五・一回）、トレーニング（四十九・一回）の次であり、それなりに多かった。「今後も続けたい」「やってみたい」割合は読書が四六・二％[13]となり、いちばん高かった。

読書は純粋な余暇の過ごし方としてである。本を読むことで物事を捉え、考えることができる。だからといって、図書館としては来館者に小説だけではなく多種多様な本を取ってもらえるようにしなければならない。

人気小説などのベストセラーの貸出だけで貸出点数を増やすのではなく、図書館には過去の有名な著作があることや社会科学や自然科学など広いジャンルの本をそろえていることをアピールし、これらも借りてもらえるようにする。書店には置いていない多種多様な本を置くことで図書館と書店の違いが明確になる。

大人だけではなく、子どもに対しても多くの本を用意する。絵本から始まり、『エルマーのぼうけん』[14]などの児童文学で終わるのではなく、科学の本や昆虫図鑑なども手に取ってもらえるように図書館が工夫して紹介をする。すると、子どもは読みものの興味が偏ることがない。図書館にとっても、いろいろな本が有効に用いられるのである。

図書館を長く利用している常連の人たちが「最近、図書館が変わった」と思うようにならなければならない。単に本を借りるだけの来館者はこれからも絶えることはないだろうが、さらにサービスの向上を考えていかなければならない。

図書館未利用者については図書館に対する固定観念を払拭してもらわなければならない。図書館は積極的な事業展開をおこなうべきである。北海道の北広島市の調査によると、図書館非利用の理由は、本は自分で買って読む、図書館が近くにない、開館時間中に利用できない、が上位だった。[15]図書館未利用者に図書館に来てもらうためには、いますみやかに対応できないことや経費がかかるものもある。自治体として計画的に取り組むべきである。

講演会や行事などのイベントをおこなって利用のきっかけを作るのも一つの方策である。イベントは図書館を利用したことがない人を図書館に呼び込むことを意図していることが多い。単発で終わるのではなく、一年に一回などのペースである程度継続できるものもおこなうべきである。それぞれの図書館の事情に応じて取り組むべきである。新しいことをおこなおうとすると「本の貸出で忙しいのに」と言う図書館職員もいる。確かに忙しい。筆者は一日の本の貸出が六千冊、返却が七千冊の図書館にいたことがある。貸出カウンターと返却カウンターには常に列ができ、返された本を本棚に戻す作業もある。数が多いので歩き疲れる。ある職員は膝を悪くした。休憩時間以外は常に動いていているため痩せる職員もいた。これだけ忙しいのに、さらに新しいことをやろうなどと思えないのはよくわかる。とはいっても、それでは思考停止状態である。人の配置を工夫したり業務の効率化によって時間を作ることはできる。図書館にある本や雑誌などは、使われてはじめてその真価を発揮する。その意味で貸出は、図書館での重要な業務であることはいまも変わるものではない。貸出を大事にしながら、ほかにも何かできないか考え、多くのことを実践し、新たな来館者獲得に向けて取り組むべきである。利用する人が増えることで図書館は活性化する。少し違った利用をしたいと申し出る人もいるかもしれない。そんな利用者とともに想像・創造したいと思う。

1―4　情報通信技術とメディアとの関係

想像・創造する場としての図書館を考えるときに必ず話題になるのは、情報通信技術との関係である。パソコン、インターネット、携帯電話、小型音楽再生プレーヤー、スマートフォン、タブレットなどが次々に登場した。すべてに対して図書館がすぐに対応することは難しい。インターネットの普及によって、図書館はウェブサイトを公開し、本を検索し、予約ができるようにした。一気に本の予約の件数が増加した。携帯電話からでもインターネットに接続して本を予約できるようになっている図書館が多くなった。タブレットなどの小型の端末はすなわち小さくなったパソコンと同じであり、外にいるときでも簡単に情報を検索したり地図を表示できる。友達との待ち合わせの暇つぶしに小型再生音楽プレーヤーでダウンロードした音楽を聞く。さまざまなCDを集めて一つのカセットテープに入れていたのはいまや昔のことになった。情報やコンテンツの入手が個人で簡単にできるようになっている。

電通が二〇一三年に実施した調査によると、電車・バスなどの公共交通機関内では、スマートフォンへの接触率が四五％を超えた。ペーパーメディアで最も高い書籍（二一・四％）を上回った。街中シーンでの接触率もスマートフォンが四二・七％でいちばん高い。書籍は二二・五％だった。駅構内シーンでの接触率もスマートフォンが四〇・二％となって、いちばん高い。書籍は一〇・五％だった。学校・職場シーンではパソコンが三七・一％となりいちばん高い。書籍は七・八％だった。商業施設やカフェなどの公共の場所では全般的に情報メディアへの接触率は低かった。[16]

慶應義塾大学の糸賀雅児研究室では二〇〇四年から毎年同じ時期に電車内でのメディア利用調査をおこなった。一三年に最も多かった行動は、携帯電話の操作（三五・三％）だった。次いで、何もしていない（二〇・七％）、携帯音楽（一四・八％）と続いた。過去十年間で最も行動率が増加したのは、携帯操作を含む電子メディアだった。紙メディアや無行動率は減少傾向になった。[17]

このように電子メディアは現時点で多く使われている。今後もますます利用されることは間違いない。電子メディアが普及すると、ほしい情報はどこででも容易に入手できるようになる。電車に乗っているときにスマートフォンやタブレットを使って新聞社と通信社が配信する「Yahoo! ニュース」を見るだけで、世の中の主な事件や出来事を知ることはできる。わざわざ図書館に行って新聞を読まなくてもいいかもしれない。仕事で文章を書いていて、同じ言葉を使うのを避けるため類義語を探したいときは、検索してインターネット上にある類義語を見つければいいだろう。図書館に置いてある辞典を見なくてもいいのかもしれない。誰かに聞かなくても一人で情報や知識を入手することができるのである。個人でだいていはなんとかなるのである。

このままでは図書館は現状以上に使われることはない。下手をすると、図書館を使う人が減る。図書館の特徴を浮かび上がらせ、電子メディアに勝る優位性は何かを考えるべきである。知識や情報の入手という観点ではたとえば、「Yahoo! ニュース」で最新の情報を入手しても事件の背景などはよくわからないことがある。図書館では背後にある歴史的な経緯を本として読むことができる。しかし、本棚にその本を置いていても関心がある人以外は手に取らない。それならば、図書館の入り口近くに本の表紙を見せて陳列し、一言紹介文を添えておけば手に取ってもらえる。類義語はインターネットで簡単に探せるが、図書館に置いてある多くの辞書を見ることで、使い分けを知ることができる。手に取った人が興味をもって、近くにいる図書館員にほかにもっと参考になるものはないのかと話しかける。会話をすることで自分が何を知りたいのか、どうしたいのか言葉にできる。言葉にするということは想像することである。図書館によっては、話題になっていることについて講演会や講座などをおこなっている。関心のある人が集まることでそれぞれ思っていることを話すと、考えがより深まる。人と接することで刺激を受ける。揉まれることで独り善がりな考えが改まる。想像がより豊かになり創造へ向かう。人と知識、人と情報、人と人を結び付けるのが図書館員である。そのためには本や雑誌などの知識、情報の体系的な蓄積が大切である。さらに、地域の課題を解決できるような知恵の蓄積も心がけておきたい。

1―5 情報、知識、知恵と人

以下、情報、知識、知恵の概念はそれぞれ次のものとする。情報とは「事柄の内容、様子。また、その知らせ[18]」である。知識とは「知っている内容。知られていることがら[19]」である。知恵は「物事の道理をさとり、是非・善悪をわきまえる心のはたらき。物事の筋道を知り、前後をよく考え、計画し、正しく処理していく能力[20]」である。

想像・創造をおこなうとき、情報と知識は必要である。しかし、情報と知識が多くあっても、知恵がなければ行動を起こすことができない場合がある。判断を誤ることがある。そして、困難なことに直面したときに知恵が必要なのである。その知恵は、人と接していくことで蓄えられるものではないだろうか。

一例を挙げると、地方で小規模ながら外食産業を営んでいるA氏がいたとする。安倍晋三首相が第二次安倍内閣で掲げた一連の経済政策は「アベノミクス」といわれ、景気回復策をおこなっている。外食産業も企業業績としては好転しつつあるが、人材不足でもある。A氏のところも人件費の高騰には苦慮していた。あるときA氏は図書館に置いてある東京商工リサーチから出ている「倒産月報」を見て、二〇一四年八月は求人難で二件、人件費高騰で二件の倒産があったことを情報として入手した。一三年の一月から八月に人件費高騰で倒産したのは六件、一四年では十三件[21]と二倍になっていた。人が集まらなければ時給を高くしなければならない。したがって人件費が高くなる。それに野菜などの食材も高騰している。それぞれの負担増から資金繰りが悪化しそうだった。

A氏は経営者として自分の家族や従業員とその家族に迷惑をかけられないという思いから、追い込まれても頑張らなければいけないと思った。にもかかわらず、資金繰りは悪化した。そればかりではなく、アルバイト従業員は時給がいいほかの仕事に就くようになり、正社員の従業員がとりあえず現場を回すようになり人材不足が深刻になった。いよいよ終わりが見えてきた。A氏は追い込まれた。困ったA氏は本を買う余裕はないので図書館に行って何かヒントはないかと本棚を見た。そこには、『こうなったら会社はたたみなさい[22]』と『よくわかる会社整理・清算・再建の実務手続き[23]』という本があり、気になったので借りて家でこっそり読んだ。

『こうなったら会社はたたみなさい』では経営者が会社経営に行き詰まった例が書かれていて、身に染みた。『よくわかる会社整理・清算・再建の実務手続き』では会社の終わらせ方が書いてあった。ポジティブな終わらせ方とネガティブな終わらせ方、そのほかの終わらせ方があることを知った。ポジティブは民事再生、ネガティブは破産、そのほかとしては廃業や売却について書かれていた。ほかに参考になるものはないのか気になり、再び図書館に行った。『倒産法のしくみ[24]』を見つけてぱらぱらページをめくると、後ろ向き・衰退的な方向で終わらせる場合の判断時期は、三期連続赤字になったときと債務超過のときだと書かれていた。A氏は知識としてはいろいろわかったが、どうすればいいのかわからなくなった。そんなとき、たまたま近くの本棚に貼ってあった「ビジネス支援サービス」と書かれているチラシを見た。チラシを見ると「探しているものが見つからないとお困りの方、図書館の職員が調べものをお手伝いします。専門機関と連携し、無料のビジネス相談会やセミナーの開催、アドバイザーの紹介などをおこないます」とあった。A氏は図書館のカウンターに話を聞きにいった。

対応した図書館員はとりあえず参考になる本をいくつか紹介してみたが、図書館員にも手に負えないことだったため、自治体内の施設で相談員をやっている専門家をA氏に紹介した。A氏は図書館員がつないだ専門家たち、税理士と中小企業診断士に相談した。これまで一人で困っていたが、相談できる専門職の人と話すことでどうしたらいいのか意思決定のヒントになった。

図書館はビジネス支援サービスの一つとして企業の経営改善に役立つような本や雑誌をそろえているが、A氏に対応した図書館員は、実際に会社を終わらせるか否かという場面に遭遇することは想定していなかった。起業や新商品開発を応援するような本や雑誌ばかりが多かったことに気づいた。

以上は筆者が例として示すために作った話である。日本は中小企業が多い。中小企業の経営者はいろいろ困っている。情報や知識を一人で入手することは可能である。だが、知恵は、人と話し、思考が深まることでついていく。一人で考えているだけではよくないのである。情報や知識を知恵に変えていきたいと考える人のために、図書館員がそのサポートをできるようにしていかなければならない。

そのためには、本の書名や著者名、雑誌のタイトルや号数などを正しく図書館が管理していなければ、必要な知識や情報にたどり着くことはできないのである。本や雑誌から必要な知識と情報を取り出すための仕組みをもっていなければならない。これは図書館の重要な機能の一つでもある。何も難しく考えなくていい。たとえばこんな経験はないだろうか。仕事でビジネス文書の書式などを知りたくて、書名にビジネス文書という文言が記されている横山秀世が二〇一一年に出版した『ビジネス文書』(25)を取り寄せた。手元に届いたのは安田賀計が〇五年に出版した『ビジネス文書』(26]だった、などというケースである。探すときはたいてい、書名と著者名はうろ覚えである。なんとなくわかったつもりである。また、インターネット書店でほしいものを検索して注文したら、届いたものが思っていたのと違ったことはないだろうか。オスカー・ワイルドの新潮文庫『獄中記』[27]を注文したつもりが、角川文庫の『獄中記』[28]を買ってしまった、というように。

いくら情報通信技術が発達しても、利用する人と情報、知識の間を介在するのは人である。それが図書館員の仕事である。情報・知識、知恵を十分に使って想像・創造をする場を作るには、図書館にも経営の三要素の視点が必要である。

１―６　経営の三要素、人・もの・金

何をおこなうにも経営の三要素の視点は思いのほか重要である。これは人・もの・金のことであ

る。これに図書館はサービスを提供する場であるため、サービスも加える。

人は図書館員である。ものは施設と設備である。これだけでは単なる館になってしまう。図書館は知識や情報として本や雑誌、データベースなどを置いている。資料と情報源も考える必要がある。施設と設備、資料と情報源を有効活用して図書館が提供できるサービスを考える。これらを実行するには資金が必要である。

想像・創造する場としての図書館を育てるために、上記のことをふまえながら、以下、第2章から第6章にかけて、項目を細かく設けて述べていく。

第2章ではこれからの図書館員について記した。図書館が想像・創造する場になるにはそもそも職員が想像と創造ができなくてはならない。これまでの積み重ねを大事にしながら、思考停止にならないようにしなければならない。これからはいろいろな能力が図書館員には求められると考えた。図書館に置いてある本や雑誌などの魅力や記されていることを上手に紹介していかなければならない。また、人に関わるということについても、特に後半に項目を設けた。

第3章では施設と設備について書いた。筆者は建築家でもなければプロでもない。プロが読めば疑問に思う個所もあるだろう。図書館建築というよりは、今回は想像と創造をおこなうために必要なもの、その成果物を表現するためにこれから必要と考えられるものを具体的につづった。

第4章では資料と情報源について書き記した。やはり図書館は本や雑誌などの資料が重要である。ここではいままであまり図書館業界では話題になってこなかったことについても記した。デジタルとの距離感については、今後考えなければならない必須事項である。

第5章では提供するサービスについて、具体的に書き表した。このなかにはすぐに実行できるものと現状では実施が難しいものもある。

第6章では資金のことについて述べた。従来の図書館は経営というよりは運営だった。あまり資金の話は出なかった。いままでは前年度に割り当てられた予算を適切に使うことだけが重要視されてきたからではないだろうか。これからは与えられた経費を使うだけではいけない。どのような配分がいいか常に考えなければならない。新しいことをおこなうには、ときには大きな資金が必要である。従来の自治体内での予算獲得では限界がある。そこで資金を得る方法として考えられるものを何点か例示した。最近、図書館関係雑誌では活動のための資金を個人、法人、政府などから集める行為としてファンドレイジングが取り上げられている。具体的には、「情報の科学と技術」二〇一四年八月号「特集 ファンドレイジング活動」[29]、「図書館雑誌」二〇一四年七月号「特集 図書館とファンドレイジング」[30]などである。「ライブラリー・リソース・ガイド（LRG）」第四号[31]でも図書館での資金調達について書かれている。本書で、筆者はなるべく先行文献には記されていない資金調達の方法を書き下ろした。

図書館が想像と創造をする場になるために、かなり思い切ったことを記した。なるべくこれまで図書館業界が取り上げなかったことに意識して言及した。なかには見慣れない言葉もあるかもしれないが、立ち止まることなくどんどん読み進めていただければと思う。

注

（1）植松貞夫著、高山正也／植松貞夫監修『図書館施設論』（「現代図書館情報学シリーズ」第十二巻）、樹村房、二〇一四年、九ページ

（2）佐藤政孝『東京の図書館百年の歩み』泰流社、一九九六年、二七一ページ

（3）同書二一三ページ

（4）日本図書館協会編『中小都市における公共図書館の運営――中小公共図書館運営基準委員会報告一九六三 復刻版』日本図書館協会、一九七三年、二一ページ

（5）日本図書館協会図書館調査事業委員会編『日本の図書館二〇一三』（日本図書館協会、二〇一四年）によると、二〇一三年時点で移動図書館の車の台数は五百五十二台である。移動図書館について考えるときに参考になるものとしては、鎌倉幸子『走れ！移動図書館――本でよりそう復興支援』（筑摩書房、二〇一四年）がある。これは一一年三月十一日に発生した東日本大震災直後の被災地に本を届けるための移動図書館プロジェクトについて、その始動から活動状況の様子が書かれている。

（6）日本図書館協会編『市民の図書館 増補版』日本図書館協会、一九七六年、三ページ

（7）日本図書館協会編『日本の図書館』。各年度版を参考にした。

（8）「文部科学省 これからの図書館像――地域を支える情報拠点を目指して（報告）」（http://warp.da.ndl.go.jp/info:ndljp/pid/286184/www.mext.go.jp/b_menu/houdou/18/04/06032701.htm）［アクセス二〇一四年十一月十七日］を参照。

（9）前掲『日本の図書館』。各年度版を参考にした。

（10）「文部科学省 社会教育調査――平成二十三年度結果の概要」（http://www.mext.go.jp/b_menu/

toukei/chousa02/shakai/kekka/k_detail/__icsFiles/afieldfile/2014/04/16/1334547_02.pdf)［アクセス二〇一四年八月五日］を参照。

（11）同ウェブサイト

（12）『レジャー白書二〇一四』日本生産性本部、二〇一四年、三六―三九ページ

（13）同書三九ページ

（14）ルース・スタイルス・ガネット作、ルース・クリスマン・ガネット絵『エルマーのぼうけん』わたなべしげお訳、福音館書店、一九六三年

（15）河村芳行「中小都市における住民の図書館利用行動分析――北広島市図書館利用登録・非登録者調査を事例として」「北海道武蔵女子短期大学紀要」第三十七巻、北海道武蔵女子短期大学、二〇〇五年、二九―三〇ページ

（16）電通総研編『情報メディア白書二〇一四』ダイヤモンド社、二〇一四年、一六―三一ページ

（17）長田咲／横田麻里子／原田隆史／糸賀雅児「電車内における情報メディア利用の実態――十年間の推移」「三田図書館・情報学会研究大会発表論文集」第七十一号、三田図書館・情報学会、二〇一四年、四一―四四ページ

（18）「情報」「日本国語大辞典」「JapanKnowledge」（http://japanknowledge.com）［アクセス二〇一四年十一月十七日］を参照。

（19）「知識」「日本国語大辞典」「JapanKnowledge」（http://japanknowledge.com）［アクセス二〇一四年十一月十七日］を参照。

（20）「知恵」「日本国語大辞典」「JapanKnowledge」（http://japanknowledge.com）［アクセス二〇一四年十一月十七日］を参照。

(21)「倒産月報」二〇一四年八月号、東京商工リサーチ、一一ページ
(22) 三浦紀夫『こうなったら会社はたたみなさい――がんばりすぎない「倒産のススメ」』東洋経済新報社、二〇〇九年、一二―三〇ページ
(23) 出口秀樹編著『よくわかる会社整理・清算・再建の実務手続き』日本実業出版社、二〇〇七年、二二―二七ページ
(24) 森公任／森元みのり監修『倒産法のしくみ――図解で早わかり』三修社、二〇一四年、八―一五ページ
(25) 横山秀世編、浅田真理子／苅野正美／兒島尚子／森田育代／森田恵美子共著『ビジネス文書――オフィスワーカーの実務』建帛社、二〇一一年
(26) 安田賀計『ビジネス文書』(六十分ですぐに身につく!)、PHP研究所、二〇〇五年
(27) オスカー・ワイルド『獄中記』福田恆存訳（新潮文庫）、新潮社、一九五四年
(28) オスカー・ワイルド『獄中記』田部重治訳（角川文庫）、角川書店、一九五一年
(29)「情報の科学と技術」二〇一四年八月号、情報科学技術協会。特集はファンドレイジング活動である。日本の事例だけではなくアメリカの事例も知ることができる。
(30)「図書館雑誌」二〇一四年七月号、日本図書館協会。相模原市の図書館での雑誌スポンサー制度の取り組みや島根県海士町中央図書館のクラウドファンディングによる図書購入支援について知ることができる。
(31)「ライブラリー・リソース・ガイド（LRG）」第四号、アカデミック・リソース・ガイド、二〇一三年。クラウドファンディングについて具体的に知ることができる。

第2章
これからの図書館員

2—1 想像力と創造力をもっている

これからの図書館員は想像力と創造力をもっているべきである。いままで以上にいい図書館を作るためである。想像力とは「想像する能力。想像する心のはたらき」(1)である。創造力とは「自分の考えや技術で、新しいものをつくりだす力。ものを生みだす能力」(2)である。

ときには少し立ち止まって図書館について素朴な疑問をもつことである。職員の立場だけではなく、来館者の立場で考えてみる。図書館をあまり利用していない友達に話を聞いてみる。最近の世の中の動きを図書館と結び付けて考えてみる。利用者がひそかにもっている要求、そして図書館を使っていない人がもっている期待というものも少なからずある。日常業務の合間のちょっとした気づき、観察から表面には出てこない要求がわかる。その要求を解決するために想像力と創造力が必要なのである。

想像力は、言い換えると空想する力である。どんなことをするともっと図書館を使ってもらえるようになるのか。小説だけを借りて満足している来館者にどうしたらより満足してもらえるのか。どうすれば働いている職員も楽しく仕事ができるのか、など日々、頭の片隅にあるといい。図書館の仕事は日常業務をこなすだけで手いっぱいになりがちである。新しいことをやろうとするといやな顔をする職員もいる。「それはサービスではない」と言う。特にほかの自治体で先例がないものは「それは図書館でやることではない」と言われたりする。おそらくそれぞれがもっている図書館のイメージや枠がある。その枠からはみ出ることに拒絶反応を示しているのだと推測する。

図書館員は規則やルールをしっかり頭に入れて来館者対応をする。誰に対しても公平にサービスを提供する。それがときには「融通が利かない。お役所仕事だ」と来館者に言われることもある。例を挙げると、図書館では一般的に館内放送による呼び出しはおこなっていない。それは館内環境を維持するためであり、個人情報保護のためである。もし、「交通事故でお父さんが病院に運ばれて危篤である。いま、図書館に息子がいると思うので館内放送で呼び出して、電話を取り次いでほしい。息子は携帯電話をもっていないので」と電話がかかってきたらどうするだろうか。「ほかの利用者の迷惑、個人情報保護の観点から館内放送による呼び出しはお断りしています」といつものように断るのか、それとも息子さんの服装などの特徴を聞いて館内を探すなどの対応をするだろうか。筆者は家族の急病など、緊急の場合には館内放送の実施も含め、対応すべきだと考える。ときには規則やルールを見直すことや再検討することが必要だろう。

既成概念を疑うこと、他業種の動向を知ること、世の中の動きに敏感であることも大事である。ある館員にこんな気づきがあった。雨の日、傘を持っている来館者がカウンターで本を返そうとした。傘をカウンターにかけるが滑って床に落ちてしまう。銀行のＡＴＭに傘を引っかける仕掛けがあったのを思い出した。「カウンターに傘の滑り止めのシートを貼ったら、傘の横滑り防止、落下防止になると思います」と提案し採用された。実際、貼ってみると傘の落下はなくなった。落下したものを拾うことはなくなり、来館者の利便性がよくなった。

創造力とは、言い換えると形にする力である。いろいろ空想し想像した結果、何かしらの形にすることが重要である。それは自治体の図書館政策のビジョン、計画に文字として記されるレベルからサービスとして提供できるレベルまでである。理想としては、まだ誰も実現したことがないアイデアを思い付き、形にし、そしてそれが多数の人に支持され利用されることだろう。そのためには、先進的な事例を取り入れるだけで満足してはいけない。必ず独自のものを付加してオリジナルを作り上げるのである。オリジナルを突然思い付く確率は低い。いろいろな情報を集めることによって思い付くこともある。できるだけ多くの情報を集め、それらを組み合わせることで、オリジナル創造への途が開ける。

創造するものは途中で他者に見てもらうことが必要である。一度、ほかの館員に見てもらうことによって共感する仲間を増やすことができる。伝わっていない部分を知ることができる。失敗要因を発見でき、一緒に解決策を考えることができる。もし軌道に乗ることができなくても落ち込まないで次のことを考えればいいのである。『それいけ！アンパンマン』(3)シリーズに登場する「ばいきんまん」がいつもアンパンマンを倒すことを多種多様に考えては失敗し、それでもまた次のことを考えているように、さまざまなことを常に考えて実践していくことが重要である。

2－2 インタープリターとして

カウンターだけで来館者を待つ時代は終わった。これからは館内でも来館者と接する機会を意識的に増やすようにしたい。図書館に置いてある本や雑誌、ＣＤなどの資料を意識して紹介していくべきである。イメージとしては環境教育の分野で使われている、自然観察や自然体験などを通して自然のシステム、また地域の文化や伝統・歴史などを解説するインタープリター(4)である。この言葉は自然と人との「仲介」となって自然解説をおこなう人物を指す。自然公園や自然学校などの施設では、インタープリターが来場者に魅力を紹介している。これからの図書館員にはインタープリターとして、この場合は人と資料の仲介者として、カウンターに縛られない動きが必要である。

これまでは貸出カウンター、調べものカウンターなどのカウンターでは、なかから本の貸出や案内をすることが多かった。これからはカウンターから離れて、入り口や書架で、本や雑誌がもっているメッセージや館員が作っている棚の魅力をわかりやすく来館者に伝えるスキルが求められる。実際、カウンターで待っているよりは、返却された本や調べもので使用した本を棚に戻しているときや棚の整理をしているときに話しかけられることが多い。

図書館のインタープリンターとなるには、本やＣＤの知識だけでなく、この図書館にはどのような本やＣＤがどこに置いてあるのか、それをよく知っていないと難しい。というのも、カウンターから離れているため、検索するコンピューターはない。館内に設置されている検索機で聞かれたことを検索することはできるが、それではわざわざ図書館員にたずねてもらった意味はない。きっと次回はたずねるのはやめて自分自身で検索するようになるだろう。

すぐれたインタープリターの条件として、いまのところ五点考えられる。

一点目、聞かれたことに対して間髪入れずに棚を案内できるようにする。「スパイスの歴史の本はありますか?」と聞かれて本に619の番号が記された棚を案内する。質問者が該当本を見ている間に596の番号が記された本を数冊持ってくることができたら、来館者の図書館員に対する見方はおおいに変わってくるだろう。

二点目、話しかける。「何かお探しですか?」と軽く聞いてみてはどうだろうか。なにやら迷っている様子の来館者には、探しているものがなかなか見つからない場合と、なんとなく探している場合がある。前者は、小説のタイトルはわかっているのに作家の棚に行ったら本が見つからない場合である。図書館によっては同じタイトルの文庫版をもっていてハードカバーの本はもう置いていないことがある。こうなるとなかなか探すのが難しくなる。後者は、来館者自身のテーマが漠然としていて絞りきれていないときである。調べものカウンターでおこなっているような案内方法もあるが、棚で本を一緒に見ながら探すことで時間が短縮できる場合がある。

三点目、館内ツアーをおこなう。図書館によっては、ある特定のテーマについて調べたいときの参考になるように調べ方の手引が作られている。これは館内に印刷された状態で置いてあったり、ウェブサイトに掲載されていることが多い。実際にその手引を持って館内ツアーをすることで、図書館の魅力を伝えることができる。一つの棚だけではなく複数の棚を探すことの大切さや、館内にいろいろなものが置いてあることを知ってもらえる機会になる。バスツアーのように大人数でおこなっては一人ひとりに伝わらない。五人程度の少人数で実施することによって参加者の疑問や質問がわいてくる。質問に対して図書館員が丁寧に答えていくことで資料がもつ力を示すことができる。

四点目、インカム（館内連絡システム）を使用する。フロアが複数階ある場合は資料の紹介も複数階にまたがる場合がある。その場合、最初に対応した人が一緒に上っていくこともあるが、インカムを使って違うフロアにいる館員に連絡をして引き継ぐようにしてはどうだろうか。インタープリターはすみやかな対応をすることも大切である。

五点目、棚に仕掛けを作る。図書館によっては隙間を使って本の表紙を見せるように置き、紹介文を書いている。さらに、本を開いて挿絵があるページを見せるとか、本を置いている棚に何か飛び出したり、引っ張ったり、めくったり、本を置いてさまになるような舞台にしたり、いろいろな仕掛けを作ってみる。そうすれば来館者に本を手に取ってもらえる可能性が高くなる。インタープリターとして図書館員が館内でできることは考えれば考えるほどある。職場内の館員同士で冗談半分で話したことが実際におこなえるかもしれない。これまでの慣習にとらわれないで考えてみることがいい。

2―3　自治体の課題を知っている

図書館員は自分が働いている自治体のことを知っていなければならない。図書館は自治体組織の一部である。自治体での図書館の位置づけを把握することは重要である。自治体には短期的、中長期的な政策課題がある。図書館も自治体の課題に対して一緒に取り組むべきである。一緒に取り組むことによって自治体内部で働いている職員からの図書館への理解が深まる。図書館が単なる無料貸本屋というイメージを少しでも払拭できるかもしれない。具体的な取り組み例として五点挙げる。

一点目、自殺予防週間に図書館で展示をおこなう。警察庁の自殺統計原票の集計結果によると二〇一三年の自殺者の総数は二万七千二百八十三人である。年齢別では「六十歳代」が四千七百十六人になり全体の一七・三%を占めた。次いで「四十歳代」（四千五百八十九人、一六・八%）、「五十歳代」（四千四百八十四人、一六・四%）、「七十歳代」（三千七百八十五人、一三・九%）となった。原因・動機が明らかなもののうち、その原因・動機が「健康問題」にあるものが一万三千六百八十人で最も多く、次いで「経済・生活問題」（四千六百三十六人）、「家庭問題」（三千九百三十人）、「勤務問題」（二千三百二十三人）[5]となった。

戦争をしていない国でありながら一年間で三万人近くもの命を失うことはつらい。自殺予防対策として自治体では相談窓口の設置やパンフレットの配布をおこなっている。図書館でもすでに取り組みを始めているところがある。自治体の健康部もしくは保健所から自殺予防に関係する展示パネルを借りて展示したり、関連図書のリストを置く。図書館の入り口やカウンターの近くに置くことで予防週間があることを知ってもらう。たまたまそれを見た人の心のなかで何かが変わることもあるかもしれない。

二点目、健康情報の提供である。国や自治体の視点から見れば、年々増加する医療費に対してなんらかの対策が必要である。病気にならないため、予防するための施策をおこないたい。先ほど示した自殺原因の一つに「健康問題」がある。図書館には入門書から専門的なものまで病気に関係す

る本が置かれている。まだ数は限られているが医療・健康情報の提供に取り組んでいる図書館もある。(6)

三点目、産業振興である。これには仕事・就労支援も含めてもいいと考える。一部の日本の図書館ではビジネス支援サービスとしてすでに取り組んでいる。自治体が税収を確保するためには税金を払ってくれる企業や人が多いほうがいい。

自治体内に地元企業や地元産業を支援する部署として産業振興課がある。中小企業支援や創業支援のために、中小企業診断士や公認会計士など公的な資格をもった専門家による相談会やセミナーなどをおこなっている。図書館員もその会場に行って統計書など関連書籍の陳列、ブックリストの配布などをおこなってはどうだろうか。統計に関してはインターネット上に公開されているものや総務省統計局から入手できるものはある。ただ、調査会社が出版したものはインターネット上での入手は難しい。それも図書館に行けばあるのだということを紹介するだけでも、産業振興課の職員やセミナーに参加した人たちにとっても有益だと考える。

仕事・就労支援についても、自治体主催のパソコン教室などが実施されているが、図書館内にもそのチラシを置く。できれば、関係する本と一緒に置く。仕事、就職に向けて一歩を踏み出す足がかりになるのではないか。

四点目、自治体によっては環境保全に力を入れている。緑地の維持や植樹、ビオトープを作るなどである。図書館では関連図書の展示だけではなく、所管課の担当者を招いた講座をおこなう。所管課の職員が講師になるので自治体の政策を直接住民に伝える場面ができる。職員が住民の生の声を聞くこともできる。

五点目、防災と減災対策である。二〇一一年三月十一日に発生した東日本大震災を一つのきっかけとして、きたるべき大震災に備えるための取り組みが始められている。地震だけではなく大雨などの水害に対しても対策は必要である。自治体としては住民が安心して永住できるよう、土地区画整理、木造密集地の改善、道路整備、公園整備などをおこなっている。このような施策は広報紙やパンフレット、リーフレットで紹介されている。しかし、実際のところどれだけ住民に理解されているのかわからない。

ときには危機管理室や防災危機管理課の職員が施策を話す機会を設け、関係する資料を図書館員が紹介する。そして、地図を使って、災害図上訓練(7)(Disaster Imagination Game)をおこなう。みんなで参加し自分たちが住んでいる地域を再発見する。図書館には地域の過去の記録がある。過去の災害の記録を使う。地域の高齢者から話を聞く。文献には記されていない生々しい事実を知ることができるかもしれない。そうして調べた、過去にその地域が経験した災害の状況を地図に書き入れてみる。大規模災害発生時の適切な避難の仕方についてみんなで考える。図上訓練の成果物である地図は保存し、ときには館内の目立つところに掲示したり、来館者が自由に見られるようにする。被害をわずかでも減らすことにつながるのではないか。

自治体内部の事情に多少なりとも通じておくと、何かをおこないたいときスムーズに連携ができる。そして自治体とともに課題に対して一緒に取り組むことは図書館サービスの充実にもつながっていく。

2―4　自学・自習力

これからの図書館員は、勤務時間外に自ら進んで学んでいくべきである。どんな図書館員をめざすのかをイメージして、必要と思うことを勉強していくべきである。

よく「研修時間が確保できない」とか「旅費の確保が難しい」と聞く。詳しく聞くと、勤務日や勤務時間内に研修に参加することが難しいようである。発想を変えて、勤務時間はパフォーマンスを示す時間だと考えてみてはどうだろうか。

筆者がこれまで勤務時間中に受けた研修は、文部科学省や筑波大学などの共催で毎年実施している新任図書館長研修だけである。デジタルライブラリアン講習会やビジネスライブラリアン講習会などを受講したが、受講者のほとんどは休みをとって私費で参加していた。受講生のモチベーションは高く、互いに学ぶことができた。では、具体的にどのようなものを勤務時間外に学ぶといいのか。以下の四点を挙げたい。

一点目、有名なホテルや旅館に宿泊してみる。ホテルマンや仲居の接客を観察する。図書館は接客業である。接客を学ぶには有名どころのホテルや旅館の接客を受け、かつ観察することで学べる。なぜ、みんなが高い料金を払って宿泊しにきているのかわかる。ロビーでコーヒーを飲みながら人の動きを観察するのも勉強になる。従業員の声かけの仕方、目線の位置、服装も参考になる。

二点目、デザインの勉強。図書館では掲示物、広報用チラシ、案内板などに美的感覚が求められることが多い。画像処理ソフトを使うことばかりでなく、来館者に情報をわかりやすく提示する手法を学んではどうだろうか。そのためにはいろいろな施設を実際に見学してみることがお勧めである。初めて行ったところの案内板がわかりにくくて困ったことはないだろうか。逆に、行きたい場所にスムーズに行けたときの道案内はどんな工夫がされていたか。そのような感覚をもって、改めて自分が勤務する図書館を見直してみてはどうだろうか。

三点目、外国語の勉強。二〇二〇年には東京でオリンピック・パラリンピックがおこなわれる予定である。国も観光立国として外国人旅行者が日本に来てもらえるように力を入れている。外国人が旅行中に図書館に寄ったとき図書館員がスムーズに対応できたら、日本にいい印象をもってくれるだろう。英会話などの他言語の会話は使っていないと忘れてしまう。外国人利用者が日常的にいる図書館ではフレーズを忘れることはないだろうが、日頃外国語を使う機会があまりない環境では、語学学校やインターネットを使った会話を定期的にしたほうがいい。

四点目、ＩＴの知識を学ぶ。図書館といえば図書館システムである。システム担当者や業者任せにするのではなく、少しは知識があったほうがいい。ＩＴ初心者は情報処理技術者試験に挑戦してみてはどうだろうか。まずはＩＴパスポート試験を通過するところから始めて、基本情報技術者試験に挑んでみよう。ＩＴについての知識を体系的に得ることができる。

2-5 庶務力

来館者対応だけではなく、庶務も少しはできたほうがいい。庶務とは雑多な事務である。自分の職場にかかっている経費や業者との契約について多少はわかっていたほうがいい。直接、来館者と接していると、図書館にかかっている経費やら業者やらについてはないがしろになりやすい。しかし、館としてサービスを提供するのに、机や椅子などの備品や設備などにも目配りができないようでは問題である。自分が働いている職場のことはなるべく広く知っていたほうがいいはずである。

本や雑誌などを購入している選書担当者なら、年間の資料購入費や装備代、検索用のデータ代、割引率など資料購入にかかる数字はわかっているだろう。資料購入に際しての業者との関係、購入図書の選定から納品、支払いに関係する一連の流れも知っている。では、選書担当者でない場合はどうだろうか。「私は選書していないから知らない」という考えでいいのだろうか。図書館に置いてある本は、当然、館の資産である。

一つの図書館で電気代やガス代、水道代などの光熱費がどれだけかかっているのか、館員は知っているだろうか。年間予算に対して月々の電気代がかさむようであれば庶務担当から節電を呼びかけられるだろう。エレベーターは控えるように、パソコンの電源はこまめに消すようになど。庶務担当者は単に節電を呼びかけるだけでなく、月々の使用量と料金を伝えてみる。聞いた職員は自宅の光熱費とかけ離れた数字を知って驚くだろう。こうしたわずかな情報を知らせるだけでも図書館の維持管理費はどれだけかかっているのか、館員に意識してもらうことはできる。維持管理も含めての図書館サービスなのだ。図書館業界では図書館の休館日の日数と開館時間について話題になることがある。立地条件もあるが、議論をおこなうときはまず、光熱費と利用人数を確認してみてはどうだろうか。そして、ほかの類似施設と比較して、館の状況に見合った支出を検討すべきである。

図書館に関わる業者との契約関係もまったく知らないのはよくない。図書館に新聞記事検索ができるデータベースを導入している、もしくは新たに導入を考えているところは金額だけではなく契約内容も吟味しなければならない。たいていの図書館は資料費とデータベース代は違う予算で組んでいるが、一館全体の予算のバランスを見直してみることも必要だ。

来館者が直接使う可能性がある、閲覧席、椅子などの図書館家具の維持管理も大切である。小さなほころびを放置しておけば、やがて大掛かりな修繕となって費用がかさむ。普段から館内に設置されているものの状態を気にかけておこう。

図書館の館内だけではなく、館外のことにも目配りしていたほうがいい。特に敷地内の樹木は突然倒れて歩行者に当たることがないようにしなければならない。大きなけがになる可能性がある。予算をつけて定期的に剪定(8)や手入れをおこなっていると思うが、大雨や強風の直後は特に注意が必要だ。実際に、二〇一四年に広島の文化センター敷地内で倒木があって人に直撃したこともあった。(9)

来館者と直に接することだけがサービスではない。館全体の維持管理を含めて図書館サービスである。図書館は大きい施設である。契約業者も多い。庶務担当だけに任せっきりにせず、そこで働く館員一人ひとりが関心をもっているべきである。

２―６　語学力

ここで述べる語学力は「２―４　自学・自習力」で記した外国語だけではなく、日本語も含まれる。最初に外国語について述べる。国の観光立国政策や、二〇二〇年に開催される東京オリンピック・パラリンピックなどのため、海外から日本に来る外国人は多くなると考えられる。滞在中に新聞や雑誌を読みたいときに図書館に寄るかもしれない。

日本に住んでいる外国人、そして海外からの旅行者に対するサービス充実ということをもっと考えてもいいのではないか。利用案内や館内掲示も外国語を併記してはどうだろうか。「多言語対応」と看板を出せるほどのサービスはいますぐにはできなくても、館にある外国語新聞や雑誌を聞かれたら答えられる程度の語学力はほしい。館員の対応のよさが噂で広まり在日外国人の利用が増えるかもしれない。

館員みんなが何カ国語も自在に話せるようになるのはいくらなんでも無理だから、まずは最初の一歩として、外国語の対応マニュアルを作成する。そのマニュアルを使って研修をしたあとに、カウンターの近くに置いておけば、いざというときそれを見ながら対応できる。

図書館に関係する英会話の本は『図書館員のための英会話ハンドブック』[10]というものがある。しかし、出版年は一九九六年で、以後、類書の出版はない。二〇一二年に『大学図書館英会話集』[11]の刊行はあったが、公立図書館向けにもそろそろ英会話だけではなくほかの言語も含めた会話集本の出版があってもいいと考える。

次に日本語である。図書館で働いていて思ったことが三点ある。

一点目、来館者に図書館用語を使ってはいけない。たとえば、利用案内にレファレンスサービスと記載されていて驚いたことがある。図書館に初めて来たというような来館者に対してレファレンスサービスという文言を使うのは正しいのだろうか。

ある図書館で「曝書《ばくしょ》のため今週は休館日が多くなります」とカウンターで来館者に声をかけ、「曝書とはなんですか?」と問い返された館員を見た。「ここにある本をすべて虫干しするのか」と言われているのも見た。曝書とは本来の意味は虫干しだが、いわゆる蔵書点検のことである。ついつい図書館用語を使いがちだが、来館者と接するときには一般的な日本語に変換して話さないと、こちらが意図していることが上手に伝わらない場合がある。そして、トラブルになる可能性がある。日本語の語彙力は必要である。

二点目、丁寧語の使い方である。「お貸出ですか?」「ご返却ですか?」「ご記載台でご記入を」など、丁寧語の乱発が気になる。筆者がある図書館を初めて利用して本を返そうとカウンターに本を持っていったとき、「ご返却ですか?」を「誤返却」と勘違いして恥ずかしい思いをしたことがある。図書館は接客業であることは前にも記した。しかし、接客業だからといって過剰に丁寧語にする必要はないと考える。正しい日本語で、相手に不快な思いをさせなければそれでいいのではないだろうか。

三点目は文章力である。館内に掲示されているチラシや本の展示の紹介文を読むと、間違った日本語がしばしば見受けられる。一文が長く、主語と述語が一致していないものも多い。パソコンの影響なのか、漢字が多くて読みにくい。簡潔な文章にすればいいものをわざわざ複雑にしているように思える。来館者の目にふれる文章は複数の館員がチェックして、修正をおこなってから公開すべきではないだろうか。

2—7　人脈力

これからの図書館員は人脈をもっているべきである。図書館業界の人脈と図書館業界以外の人脈である。所属している図書館の課題を解決するためには職場内だけでは限界がある。人脈があれば解決できることも多い。人と話すことで想像がふくらむ。

たいていの図書館では閲覧席を席取りして長時間離席している人がいる。これにどう対応すればいいのか、館内の職員で最善策をまとめられればそれでいい。けれども、いい案が思い浮かばないときには、ほかの自治体ではどのように対処しているのか聞きたいものである。そんなとき、日頃の人脈を生かして、「そうだ、あそこにはAさんがいる」というように、パッと電話して質問できれば実に便利だ。誰も知り合いがいないとなると、突然電話で聞くのも気が引ける。

長時間の離席に対しては荷物を回収している図書館がある。荷物の回収をおこなわないで警告だけする図書館もある。図書館によって対応はそれぞれである。自分が勤務している図書館では何が最適なのか、他館の状況を知ることは考える材料になる。

聞くだけではなく、聞かれる側にもなるだろう。ほかの自治体から聞かれることによって、自分たちの運用や対応は問題はないのか再考するきっかけになる。複数の自治体で情報が共有され蓄積されていけば、業界全体がかかえる大きな課題を解決できる方策を見いだすこともできるかもしれない。複数の自治体でつながりをもつことは、図書館業界全体のレベルアップにつながると考えられる。

図書館業界以外の人脈が必要なのは、内輪の議論では行き詰まるような場合、他業種のやり方から意外なヒントがもらえたりするためである。業務の効率化が課題だとする。コンビニ業界やファストフード業界は少数精鋭で店舗を運営している。コンビニエンスストアは二十四時間営業で交代勤務制をとり、商品の発注、陳列、店舗清掃などのかたわら、レジでは三人以上並ばないように気を配ったりする。ＰＯＳレジの仕組みは図書館システムにも生かすことができる。

人脈を作るには自らがいろいろな場に出ていくことである。まずは隣接自治体の図書館に行ってみてはどうだろうか。近隣同士が仲良くなってみることから始めてみよう。

2―8　FA制度

図書館員の力が認められ新天地で活躍できるようになれば業界全体も活性化し、一人の図書館員として深みを増す。たまに著名な図書館員が他自治体に異動すると話題になる。そんなスター図書館員もいるのだ。筆者が知っている図書館員の先輩で、公立・大学・学校・専門図書館を経験したという図書館員がいる。そんな経験をしている図書館員はほんとんどいないといっていいが、その先輩の話を聞くと本の選定一つとっても視点に多様性があって、実に興味深かった。他自治体の公立図書館への異動、違う館種への異動がもっとあってもいいのではないだろうか。館長公募に採用されれば他自治体で仕事をすることができる。とはいうものの、現状は館長公募は年に数件である。それに、館長ではなく職人のような専門職として働きたいと思っている図書館員もいる。人事交流によって他自治体へ異動できるがそれもまれである。ほかの方法としては、図書館の運営を自治体から受託している民間企業の社員である図書館員なら他自治体で働くチャンスはある。

これからは図書館員もプロ野球選手のようにFA（フリー・エージェント）制[12]によって力を発揮できる職場環境があったほうがいいと考える。公立の学校教育でもFA制を導入しているところはある。[13]一つの自治体に長く勤務することによって、図書館員として図書館で働くのに必要な力をつけることはできる。同時に自治体として図書館サービスの維持につながる。ただ、ほかの自治体の図書館に目を向けると資料の収集方針、借りることができる資料の点数、貸出の期間などさまざまな違いがある。図書館といっても一つひとつ違うのである。筆者が気になっているのは、講演などで先人の話を聞くと、人によっては、あたかも自分の回りでおこなわれていることが全国でも同じようにおこなわれていると、まったく疑わずに話していることである。いろいろな館を経験することは、自分が置かれた環境を相対化する視点を養うのにも適しているはずだ。

古文書を読める、ＩＴに長けていてシステムを組めるなど、特定の技術をもっている人材が図書館にほしい場合がある。そのようなときに、技術をもった図書館員が違う館で働いてみることで、新たな発見もでき、受け入れた側の館にとってもいい刺激になる。もちろん、特殊能力をもった人の異動だけではなく、館長ではないが図書館のマネジメントができる人材でもいいと思う。マネジメントには図書館や自治体のルールを知る必要がある。その過程で、これまでの自分の経験をふまえて改善できる個所やサービス向上に向けて取り組める部分を見つけることができるかもしれない。他自治体から来た人の思いがけない指摘によっていままで気にしていなかったことに気づき、よりよいサービスにつながる可能性もある。

公立図書館間での異動だけではなく、今後は公立図書館と学校図書館の人の異動、公立図書館と大学図書館の人の異動が活発になればそれぞれの連携も深くなると考える。学校図書館や大学図書館のサービスの現状を実際にその内部に入って知ることができれば、どのような点を公立図書館に取り入れれば有益なのかといったこともわかる。

2―9　館長の役割

これからの図書館長はスペシャリストでありゼネラリストでなければならない。かつ、空気を読めなければならない。スペシャリストでありゼネラリストであるというのは相反している。とはいっても、図書館の代表として図書館のことを知っていなければならないし、自治体の一部署として図書館を位置づけることができなければならないからバランス感覚も必要なのだ。このことをふまえながら、以下に館長の役割について述べる。

まず、館長はスペシャリストでなければならない。図書館のことに精通していなければならない。これからは専門職として、修士の学位はもっていたほうがいいと考える。理想は図書館・情報学もしくは図書館情報学の修士号をもっていたほうがいい。というのも館長は館員と意思の疎通ができるような知識と技能をもっているべきだし、ときには館員に対して助言と指導ができなければならない。そうでなければ信頼を得られない。館員が持ってきた書類にただ判を押すだけではいけない。

たとえば、館長は選書担当がどのような本を買っているのか把握しているだろうか。そのときどきに社会で話題になる本がある。そのときに「あれはうちにもあるのか」と館員に聞くようではいけないのである。資料の購入より難しいのは、不要になった資料を原簿から削除する除籍である。これも館員から渡された廃棄リストに判を押すだけではいけない。除籍は、本棚がいっぱいになったから捨てるという単純な行為ではない。該当する本棚を新しくするという行為である。貴重な資料が廃棄リストに載っているかもしれない。特に自然科学と社会科学分野は専門知識をもつ職員が少ない。館長が指導と助言する場面があるかもしれない。

次にゼネラリストとしての図書館長について記す。これからの図書館は自治体の一組織としてより、自治体の各部署と連携しながら地域住民の想像と創造を盛り上げていくべきである。図書館のなかにいるだけでは何もできない。まず、庁議報告の理解は重要である。庁議報告とは「自治体の重要施策と重要課題への対応等について審議したもの」(14)である。各部署の連携と調整をおこなう場でもある。図書館長が庁議に出られない場合は所管部署の部長や課長にあとで話を聞いたほうがいい。せめて、資料を回してもらって目を通すべきである。議題になったことについて図書館ではどのようなことができ、どのように取り組むことができるのか考えることができる。自治体としての大きな政策課題もわかる。図書館には新聞や雑誌がある。課題に対して他自治体ではどのように取り組んだのかなどの情報提供もできる。館長自ら役所の各部署の職員とよく話したほうがいい。話をする過程で地域で活動している人材も知ることができる。

そのうえで、地域のさまざまな施設を回り、図書館の存在を知ってもらうのである。学校訪問についても同様である。教育委員会など、関係部署と日頃から知っている間柄になっていたほうがいい。どのようなことを学校がおこなおうとしているのかわかっているか否かは大きい。各学校長が一カ月に一度集まる月例校長会に参加して、図書館がおこなう取り組みや学校連携について話せるようになるのが理想である。ゼネラリストとして折衝能力は必須であり、また知識や経験も必要なのである。

もし、図書館のことをそれほど知らなくて館長になった場合、そのときは館員に一目置かれるようなことを示せばいい。たとえば、語学が堪能だったり、ＩＴに長けていたり、何か目に見えるものを示せれば館員の心はつかめるだろう。

三つ目として空気を読むことについて述べる。筆者は職場の人数が少ないこともあるが、二〇一四年四月から十月まで十個の行事企画の担当だった。講師依頼から始まり当日の開催、講師料支払いの処理まで一通りおこなう。仕事の流れを知ってもらうために途中で館員を入れることもある。もちろん、館員が企画・立案するものもある。このときは最低限のことしか口出しをしない。途中で横から口を挟んで職員のやる気を失わせることはしたくないからである。担当から「困りました」と相談や質問をもらったときは、そもそもどこで困っているのか明確にしてから、一つの案として示す。「また何か困ったら教えて」と言ってこちらからそれ以上は言わない。現在の職場では館員は図書展示の企画書をたくさん持ってくる。判を押して一言言って終わりである。あるとき、リヒャルト・シュトラウスについての展示企画書を持ってきた館員がいた。企画書をその場で読むと一四年はリヒャルト・シュトラウス生誕百五十周年である。クラシック音楽に興味がない限りよく知らない人物である。リヒャルト・シュトラウスの作品を収録したＣＤやＤＶＤと関連書籍を展示したいということである。「おもしろい」と言って企画書に判を押した。人や金が潤沢にあればいくらでもいいものはできる。しかし現状では限られた条件のなかで仕事をしている。だから、企画やその成果をほかの図書館と比べて、いい／悪いとは評価はしない。空気を読まずに一言余計なことを言うのは慎まなければならない。

来館者との関係として大事なのは図書館長が来館者に認知されていることである。どんな人か知られていないのは問題である。来館者と接する機会がなければ認知度が低いのは当然である。職員にも来館者にもよくわからないような存在になることは避けなければならない。

2—10 職員の構成とバランス

それぞれの館員が力を発揮することで図書館として充実したサービスがおこなえる。図書館で働くというと、カウンターにいる図書館員のことを想像しがちである。来館者と接するだけが図書館の仕事ではない。時折、図書館業界では職員の専門性が話題になる。専門職の集まりだけでは日々の図書館は運営できない。職員の構成やバランスを考える必要がある。今回は広報係、庶務係、システム係、選書担当について以下に記す。

広報係は広報をおこなう。図書館では図書館の利用促進のために行事の企画と実施、展示をおこなう。時間と経費をかけたものであればあるほど、より多くの人に見てもらいたいものである。そのためには広報が必要である。自治体が発行している広報紙への掲載だけではなく、関係施設に掲示してもらうために館員がチラシを作ることもある。チラシも、最近ではデザインに工夫が見られるものが増えつつあるが、既存の文書作成ソフトでいかにも事務的に作った感じがするものもまだまだ多い。魅力を伝えるための工夫が必要である。デザインソフトを使いこなせて美的感覚のある館員が必要である。同時に対外的にプレスリリースを配信し、マスコミの取材対応ができる担当も必要である。

庶務係は前述の「2―5　庶務力」に記したことを主におこなう担当である。図書館がオープンして間もない頃は館内の施設や閲覧席、椅子などの図書館家具の維持管理はさほど気にしなくても大丈夫である。年数がたつほど気にしなければならない。座面が破れている椅子、黒ずんだ机のままでは図書館来館者は気持ちよく使えない。おはなし会をおこなう部屋のカーペットが汚いままでは、保護者は安心して自分の子どもを座らせることはできない。子どもたちに読書の楽しさを伝え、図書館や本の世界に親しむきっかけになるはずのおはなし会が台無しである。すみやかに修理や清掃をおこなうために、業者との連絡や見積もりをもらうなど、外部との折衝を責任をもっておこなう担当が必要である。

システム担当は図書館のコンピューター関係を主におこなう。現在の図書館ではコンピューターを利用している。図書館間をネットワークで結んだり、図書館のウェブサイトを使って本の検索や予約をすることができる。コンピューターやネットワークに関する知識をもったシステム担当者が不測の事態に活躍する。日頃のシステムトラブルや停電、外部からの攻撃に対して適切に対応できなければならない。業者任せにするのではなく、業者が言っていることを理解して話ができなければならない。かつ、すべてをうのみにしてはいけない。採用しているシステムによるが、貸出中の図書を貸出延長処理した場合、貸出としてカウントされるのか、されないのか、これを知っていなければ貸出の統計データを正しく読むことはできない。

選書担当は本や雑誌を選んで買う担当者である。図書館で購入する図書や雑誌などの品揃えを考えることも重要である。図書館サービスの基本は収集している資料である。「これからはビジネスマンに使ってもらえるようにしたい」と考えても小説や読みものばかりでは難しい。統計やデータが記されている図書がある程度必要になる。館全体としての蔵書構成を考えないと、需要と供給のバランスが崩れるおそれがある。一つの自治体で複数の図書館があれば、館ごとに、ある特定分野に特化した品揃えをすることができる。複数の図書館がない場合は品揃えの割合を考える必要がある。資料を選択する業務は、資料収集方針に基づいておこなう。同時にいままでの購入状況を知り、かつ、今後提供するサービスを意識し、不特定多数の来館者を想定する。さまざまなことをふまえ複合的に考えなければならない。予算によるが、毎週毎週の定期的な作業のため、時間に追われる可能性もある。

図書館をより多くの人に使ってもらうためにはカウンター業務だけではうまくいかないのである。カウンターの後ろでおこなわれているバックヤードの業務もまた大切なのだ。指定管理者として民間が図書館を運営している場合でも、それぞれの仕事に対して適切な人員を配置することが大切である。

2―11　図書館員の服装

これからの図書館員は服装にも気配りをすべきである。役所の窓口にいる職員のような格好を基準にするべきである。役所の窓口以上に図書館には老若男女が来館する。不快な思いをさせない格好はもちろん、見た目からも信頼感を得られるようにするべきである。来館者にいつも見られている意識をもったほうがいい。コラムニストのえのきどいちろう氏が図書館で働くスタッフの制服について取材をして雑誌に記したことがある[15]。

書庫や事務室で作業をおこなうとき、子ども向けに工作会をおこなっているときは、汚れるためエプロンを使うことは理解できる。さりとて、カウンターなど来館者と接するときにエプロンは必要だろうか。なぜ、エプロンを使っているのだろうか。筆者には理解できない。

図書館は自治体組織の一部である。筆者が訪れたことがある一部の図書館は、お茶の間にいるような服装の職員がいてあぜんとしたことがある。カウンターにいる男性職員の服装がTシャツにジーンズ、サンダルだった。ノースリーブ、ワンピースや丈が短いスカート、ヒールが高い靴を履いている女性職員がいたところもある。図書館では本を棚に戻したりする作業があるのに、スカートは気にならないものなのか。立ち仕事が多いのにヒールが高くて疲れないのだろうか。身だしなみとおしゃれをもう少し全体的に考えたほうがいいと思う。筆者なりに考えた図書館内でカウンターにいる場合の服装の改善点を男性と女性に分けて以下に記す。

男性についてはスーツを着用する。ジャケットは動きにくい場合は着用しなくてもいい。シャツはもちろん襟付きで、シワがないものにする。夏期のクールビズ期間中はポロシャツでも可。ネクタイはよれよれになっていないものを使用する。ネクタイを使わない場合はボタンダウンシャツにすることでだらしなさがなくなり見た目が美しくなる。ズボンは折り目があるものを使用する。靴はシンプルなデザインのものを履く。革靴では疲れるため、スニーカーでもいいと思う。

女性についてはスーツまたはジャケットを着用する。ジャケットは動きにくい場合は着用しなくてもいい。その場合、ブラウスやポロシャツなどは襟がついたものを着用する。ノースリーブなど肌を過度に露出するものは控える。ワンピースではなくツーピースにする。スカートは職業柄控えてパンツにしたほうがいいと考える。靴はシンプルなものを履く。ハイヒールは控えたほうがいい。

図書館は接客業である。接客をするにあたって適切な服装はある。身なりがしっかりしていれば来館者に安心感と信頼感を与えることができる。人は見た目が大事である。館員の第一印象はその図書館全体の印象に影響を与えると考えてみてはどうだろうか。

注

（1）「想像力」「日本国語大辞典」「JapanKnowledge」（http://japanknowledge.com）［アクセス二〇一四年十一月十七日］を参照。

（2）「創造力」「日本国語大辞典」「JapanKnowledge」（http://japanknowledge.com）［アクセス二〇一四年十一月十七日］を参照。

（3）やなせたかし作・絵『それいけ！アンパンマン』フレーベル館、一九七五年

（4）「インタープリター」「情報・知識 imidas」「JapanKnowledge」（http://japanknowledge.com）［アクセス二〇一四年十一月十七日］を参照。

（5）「内閣府自殺対策推進室 警察庁生活安全局生活安全企画課 第一章 平成二十五年中における自殺の概要」（http://www8.cao.go.jp/jisatsutaisaku/toukei/pdf/h25joukyou/s1.pdf）［アクセス二〇一四年十一月十七日］を参照。

（6）田村俊作／池谷のぞみ／須賀千絵／三輪眞木子／越塚美加「都道府県立図書館による医療健康情報サービスの提供とその意義」「三田図書館・情報学会二〇一三年度研究大会」（http://www.mslis.jp/am2013yoko/07_tamura.pdf）［アクセス二〇一四年十一月十七日］を参照。東京都立中央図書館ではアンチエイジングや乳がんなどのブックリストが都立中央図書館のウェブサイトでＰＤＦとして公開されている。また、国内発行の「医中誌 Web」などのデータベースも都立中央図書館では利用できる（「東京都立中央図書館 健康・医療情報サービス」〔http://www.library.metro.tokyo.jp/tabid/408/Default.aspx〕［アクセス二〇一四年十一月十八日］を参照）。

（7）瀧本浩一『地域防災とまちづくり――みんなをその気にさせる災害図上訓練 改訂版』（COPA BOOKS 自治体議会政策学会叢書）、イマジン出版、二〇一一年

（8）冬の休眠期に実施する冬期剪定と、生育期間中の初夏におこなう夏期剪定に大別できる。冬期剪定は、落葉直後から早春の樹液が流動する前におこなう。また常緑樹では厳冬期を避けて二月下旬から三月中旬にかけておこなったほうがいい場合もある。なお落葉樹でも樹液の流動開始が早いカエデ類

では早春がいいものもある。夏期剪定は、梅雨前後の時期に幹や不要部分からの徒長枝、ひこばえ（やご）などを除去するもので、主として骨組枝の成長を妨げるものを切り取る。「剪定」「日本大百科全書（ニッポニカ）」「JapanKnowledge」（http://japanknowledge.com）［アクセス二〇一四年十一月十八日］を参照。

（9）「文化センターで倒木、一人重体一人重傷 広島・三原」「産経ニュース」二〇一四年三月十六日付（http://sankei.jp.msn.com/affairs/news/140316/dst14031620250014-n1.htm）［アクセス二〇一四年十一月十一日］を参照。記事によると、広島県三原市芸術文化センター敷地内で、突然木が倒れて歩行者に当たった。二人が病院に搬送された。一人は頭を強く打って意識不明の重体、もう一人は肋骨を折る重傷を負った。

（10）古林洽子／松本和子／高田宣美／田中理恵子／ジョン・A・トカーズ／塚田洋『図書館員のための英会話ハンドブック 国内編』日本図書館協会、一九九六年

（11）名古屋大学附属図書館編『大学図書館英会話集――名古屋大学中央図書館カウンターでの対応』名古屋大学附属図書館、二〇一二年

（12）自由交渉権をもつ選手。ＦＡと略称。「フリーエージェント」「情報・知識 imidas」「JapanKnowledge」（http://japanknowledge.com）［アクセス二〇一四年十一月十八日］を参照。

（13）「文部科学省 公立学校教員の公募制・ＦＡ制等の取組について」（http://www.mext.go.jp/b_menu/houdou/21/11/attach/1286422.htm）［アクセス二〇一四年十一月十八日］を参照。

（14）「相模原市 庁議について（経営会議・政策会議・局経営会議結果等）」（http://www.city.sagamihara.kanagawa.jp/seido/gyosei_kaigi/index.html）［アクセス二〇一四年十一月十八日］を参照。

（15）えのきどいちろう「図書館の人はエプロンなのかベストなのか事件」「オレンジページ」二〇一三

年九月十七日号、オレンジページ、一二〇ページ。読者から、最近、図書館で働く人の制服が変わった、という投稿があった。えのきど氏本人の行きつけの図書館も、ある頃からその投稿と同じような制服が導入されていたというところからコラムは始まっている。

第３章

想像と創造のための設備と施設

3―1 情報コンセントWi-Fi

これからの図書館は情報コンセントを提供していくべきである。情報コンセントとは、「企業や大学、研究機関などの建物内部において、LANなどのコンピューターネットワークに簡単に接続できるよう、壁などに設けられた接続口のこと」(1)である。図書館はセキュリティーに留意しながら、来館者が情報ネットワークを利用したいと思ったら気軽に接続できるように用意すべきである。まず、パソコンを用意すること。そしてインターネットに接続できる環境を用意することである。日本に公立図書館は約三千二百館ある。新たに特別な施設を作るよりは、いまある図書館でネットワークに接続できる環境を整備したほうが費用対効果としては高い。それに、想像と創造のために情報を収集する場である図書館がネットワークに接続できるのは当然だと思う。

海外から日本に旅行に来た外国人や国内の観光客が少しだけインターネットに接続したい場面がある。わざわざ、インターネットカフェに行くまでもないごく短時間の利用である。最近では宿泊施設にネット環境が整備されつつある。けれども、当日の新聞や最新の雑誌を置いてある図書館でインターネットに接続できる利便性を選択する観光客もあるだろう。多くの人に図書館に使ってもらうきっかけになるだろう。筆者の経験上、インターネットカフェのせいなのか、図書館でインターネットに接続できる端末を利用した来館者から「いくらですか？」とたずねられることがある。

無料で使えることを知らない人が多い。

情報コンセントの整備が必要と考えるもう一つの理由は災害時の利用である。企業によっては大規模災害時にWi-Fiスポットの無料開放を予定している。災害時での通信手段の多重化を図るため、複数の通信会社のWi-Fiスポットを設置すべきである。災害時には通信会社にかかわらず無料で使用することができるようにする。二〇一一年の東日本大震災のときは電話の通話が思うようにできなかった。そのためインターネットから「Twitter」などのSNSを利用して連絡をとりあうケースが多数見られた。Wi-Fiスポットを設置することは意義がある。ただし、情報コンセントを設置するときには以下の二点に留意したほうがいい。

一点目、設置費用である。複数の業者から見積もりをもらうのと同時に、自治体内で同じような工事をしていないか調べてみる必要がある。大きく簡易電波調査、配線工事、機器設置・設定、機器費用が経費としてかかる。業者との折衝にあたっては業者の言いなりにならないように、ある程度はこの分野に明るい人が担当するほうがいい。

二点目、電波干渉に注意すること。複合施設の場合、ほかのフロアにもWi-Fiが設置されていることがある。電波が干渉しあってつながりにくいということがありうる。新たに設置する場合は電波調査をしっかりとおこなってからにしたほうがいい。

3―2　創作活動ができるコンピューター

来館者が使用できるパソコンはインターネットやデータベースを見るだけでなく、創作活動の手助けもできるようにしたほうがいい。現在、ほとんどの図書館で設置しているパソコンは何かを見るだけになっている。これからは文書作成ソフト、表計算ソフト、グラフィックソフトをできる範囲で搭載する。

図書館によっては、来館者が自分のパソコンを持ってきて操作できるスペースや部屋を設けているところがある。この場合のパソコンは持ち運べるノートパソコンではないだろうか。そのうえ、そんなに重たくないものになるだろう。専用スペースはさまざまな条件を満たした人が使える空間ということである。あわせて、ノートパソコンのデメリットは画面が小さいので作業がしにくいことがある。図書館に設置しているパソコンはデスクトップパソコンがほとんどである。ディスプレーが大きいため、見やすく操作しやすい。そのわりには、簡易なブラウジングとデータベースの検索だけしかできないようになっているのがほとんどである。

来館者が図書館に設置してあるパソコンを使って何か調べものをしたときに、自身で用意したノートなどに手書きでメモをすることがある。それをあとで自分のパソコンに打ち込むことは二度手間である。自宅でおこなっているように、ブラウザーを立ち上げる一方で文章作成ソフトが使えたら便利ではないだろうか。

図書館では図書館の規模に応じて複数のデータベースを使用することができる。一般的に図書館に設置しているパソコンで見ることができる。だが、ほとんどの図書館では利用率が悪い。それは認知度が低いからである。また、どのような場面で使えるのかわからないからである。検索しても、印刷できないところがほとんどである。図書館で契約したデータベースのなかには本文コピー時の引用元挿入機能がある。これはコピー・アンド・ペーストをおこなうと出典も挿入される、というものである。データベースの稼働率をあげるには、今後、業者が引用元挿入機能を搭載していくといい。そして図書館のパソコンには文書作成ソフトを入れて、来館者が検索した結果を引用としてコピー・アンド・ペーストできるようにする。そうすれば、書き写す手間は省略できる。出典や根拠も明記される。

オフィス系のソフトだけではなく、グラフィックソフトもぜひ備えたい。ノートパソコンで操作するよりも、ディスプレーが大きいデスクトップパソコンのほうが作業がしやすい。デスクトップパソコンのほうがノートパソコンより処理速度も速いため使い勝手がいい。グラフィックソフトは一般的に高価である。デザイナーなどの仕事関係以外で個人が買うにはためらうだろう。オフィス系ソフトでチラシなどを作っているがレベルアップしたものを作りたいと思うことがある。図書館にあるマニュアル本を見ながら図書館の端末で操作してみて、素人《しろうと》の自分に使いこなせるのか考えるという場面があってもいいと思う。また、すでに使いこなせる人が、図書館に所蔵している画集や写真集を参考にして創作活動をおこなうことも図書館の新しい形になる。

日本ではパソコンの所有台数が年々増えてきている。図書館ではどのような意味をもってパソコンを置くのか再考する時期にきているのではないだろうか。見るだけではなく、想像と創造のためのパソコン設置を検討するべきだ。

3―3 プリンター

多くの人はパソコンOSの切り替えとアプリケーションのバージョンや使い方に関心がいきがちだが、パソコンのことだけではなく出力するプリンターに対する意識も必要である。図書館員が業務で使用するプリンターと来館者が使用できるプリンターがあるが、図書館としては来館者の図書館を使った想像・創造を支援するため、プリンターを充実させることは重要だと考える。

そもそも現在の図書館で来館者が印刷をする機会はほとんどない。図書館に置いてあるパソコンで検索したものを印刷したいという希望はある。データベースの検索結果を印刷したい人もいる。データベースについては、実費を払えば契約上可能な範囲内でプリントアウトできる図書館はいくつかある。一方で、インターネット上にある情報は図書館で管理しているものに該当しないため不可である。希望した来館者に対しては、インターネット上に公開されている情報にも著作権があるためプリントアウトができないと説明して断っていることが多い。

来館者の想像・創造を支援するために、デジカメプリントからA1サイズの大判プリントができるようなプリンターを置く。データが入っているＵＳＢメモリなどの記憶媒体を接続して出力だけおこなえるようにする。印刷した写真を館内に一定期間飾る。ボランティア活動を紹介するためにＡ１サイズで印刷して掲示する。一見、図書館とはなんら関係がなさそうだが、図書館を使って作ったものを図書館で出力する、というのはどうだろうか。図書館でインプットとアウトプットの流れを作るのである。働いている館員もどのように図書館が使われたのかわかる。利用する側にも、印刷業者を探してわずかな枚数を印刷するより日常的に利用する図書館で本を借りたついでに印刷できるメリットがある。

また、最近話題になっている３Ｄプリンターを図書館でも設置する方向で考えてはどうだろうか。３Ｄプリンターとは「立体の造形を作成することができる[2]」出力装置である。図書館でおこなう展示や行事に活用できる。まだ個人で購入するには価格が高すぎる。３Ｄプリンターを使う人が増えれば活用方法について活発な議論が展開できる。その議論の結果が製造業者に対しての意見になり、よりよい３Ｄプリンターが市場に出回るようになるだろう。

3―4　製本機

想像・創造の成果を出力した結果を残す手段の一つとして製本機が必要である。来館者が図書館を使って何か文章でまとまったものを作り上げた場合、製本できる機械があるべきだ。製本することによって、図書館に置いてある本と同じ扱いはできなくても期間限定で館内に置くことができる。もちろん、本と同じ扱いで置いてもいい。ほかの来館者が他者の成果物を見ることがあれば、刺激を受けてさらに創作意欲がわくことだろう。

図書館に製本機を置きたいのは制作物の見栄えのためである。できたものを単純にホチキスでとめるだけでは格好が悪いのである。安っぽい。格好よく締まるのは製本したものである。一冊の製本のためにわざわざ印刷業者に持っていくのは現実的ではない。そこで図書館で製本ができるとわかれば、それなりのものを作ろうと意欲がわく。大学生は卒業論文を書く場合が多いだろう。経験すればわかる。製本された卒業論文を見て達成感を得る。大学の卒業論文のような枚数でなくても、数ページのものでも製本を勧めたい。小学生は夏休みに自由研究で調べものをする。図書館の本を使って調べることもある。できあがったものを格好よくするために製本機を使う。製本できた成果物を期間限定で図書館に置いて、来館者に見てもらう。

製本機の利用は事前申し込み制とする。理由は、製本機にスイッチを入れて使えるまでに十分はかかるからである。スムーズに利用できるようにする。利用料金は実費負担とする。製本機の利用で図書館が収益をあげることは考えない。成果物として製本される数を増やすことを考えて、単価は百円程度とする。

製本作業は自分自身でおこなう。製本機の説明書は置いておく。自分でおこなうことで印刷するときの用紙設定の仕方を知る。両面印刷の方法、余白の設定の仕方は実際に経験しないとわからない。印刷や本の作り方について興味をもった人のために関連書籍の紹介もする。

3―5　想像・創造できる部屋（調理教室、理科室、工作室）

図書館の本を使って本に掲載されているものを実際に作ることができる場があると、来館者の想像・創造が豊かになる。そこの場で人が集まって作ることによって互いにいい刺激が生まれる。調理室や理科室、工作室を設けてはどうだろうか。以下にそれぞれについて記す。

図書館に置いてある本のなかで料理本はよく借りられる。簡易にできるものから専門的な本、外国の料理を紹介した本など種類も多い。料理の経験があればわかることではあるが、本に掲載されている写真のようには、なかなか美しく仕上がらないことが多々ある。写真はプロのカメラマンが撮影している。光の使い方が上手である。おいしそうに見える盛り付けはデザイナーがこだわっているからである。肝心の味のほうは、ときとしてレシピには書きにくいちょっとしたテクニックがある。だから、その料理本の著者を招いて料理教室を開催してはどうだろうか。実際に著者から教わりながら作ってみることで、本には記すことはできなかったコツなどを知ることができる。著者は読者と直接接することで次作のための課題を知ることができる。

ほかにも調理室の活用例としてはこんなことがある。ある作家の小説を読んでいるとき、子どもの頃に読んだ絵本に出てきた料理やお菓子を思い浮かべたことはないだろうか。本のなかに出てきた食べ物を実際にみんなで集まって作ってはどうだろうか。特に小説に出てくる料理はイラストが添えられていないかぎり、文字から想像したイメージがそれぞれ心のなかにあると思う。それをめいめい形にしてみよう。「ほかの人はこんなお菓子をイメージしていたのか！　自分と全然違う」などとわかって楽しいと思う。共通の話題で集まるため会話も弾み、想像と創造がますますふくらむだろう。

理科室は文字どおり学校にある理科室である。高校で文系のコースを選択した場合、理科系の授業は受験に必要な最小限の授業数になり、場合によっては実験をする機会は中学で終わってしまう可能性がある。大人になって自然科学の本を図書館で読んだときに、実際にその実験をやってみたくなることはないだろうか。いい例え話ではないが、工場が爆発した報道を見ることがある。中学の理科や高校の化学の知識があれば、なぜ大火になっているのか、何が触媒のはたらきをしているのか見当はつくものである。消火活動に時間がかかる理由もわかるはずである。ほかにも、自然科学に関してはノーベル賞などの影響で、ときに大きな話題を集めることがある。そんなとき図書館で実験講座を開催しておこない、関心を高めてはどうだろうか。昔はわからなかったことが大人になってわかる場合もある。図書館に置いてある本を見ながらちょっとした実験ができる理科室を設けてみることをぜひ提案したい。理科離れといわれる現象に対しても少しは有効だろう。

工作室は大工道具を一式そろえる。日曜大工ができるようにする。日曜大工に関する本は貸出回数が多い。既製品を買うのではなく作ろうと思う人が多いのだろう。とはいっても、自宅に大工道具がそろっている家庭はまれである。作ってみたいけれど、道具をそろえるのは大変。そんなときに図書館にある工作室を使って本を見ながら実際に作ってみる場面があってもいいと思う。

ノコギリ、のみ、鉋《かんな》などの大工道具は普段使わないと使い方を忘れる。中学を卒業後も大工道具に触れている人は少ない。使い方に自信がないならば、地域には大工がいる。大工を呼んで講座をおこなう。工具の種類と用途の理解が深まって創作活動の励みになる。

なお、これらの部屋に置く備品は安全な取り扱いや保管、管理をおこなうのは当然である。台帳を作成する。記入の仕方についてもおろそかにしない。定期点検をおこない、台帳を基に在庫量、盗難・紛失などの確認をおこなう。

3―6　自己表現できる場

図書館にある本や雑誌などの資料を使って想像・創造したものを表現できる場も必要である。図書館に置いてある本を使って小説を出版した、フリー画像集を使ってポスターを作ったなど、見てわかるものができるかもしれない。加えて、人には多かれ少なかれ大小の自己顕示欲がある。何かを作ったら、誰かに見せたいと思う欲求は当然わいてくる。図書館側、利用した側ともに自己表現できる場は必要である。

あえて部屋ではなく場として考えたのはフレキシブルにおこないたいからである。図書館内に固定のスペースを設けると、常にそこには何か置いている状態にしなければならない。同じものを長く置いていても来館者にとって新鮮味に欠ける。作ったほうもそんなに長期間置くとは想定していない。そうはいっても、ものがない状態では場所がもったいない。

「こんなの作ったので少しの期間置いてくれますか?」と持ち込まれたら、ふさわしい展示場所をそのつど考えてはどうだろうか。たとえば、工作室で机を作ったのなら館内でどんどん利用してはどうだろうか。本の展示に利用したり、コピー機の隣に置いて荷物置きにしたり、用途はいろいろある。使われることで製作者は改善点や次作に向けてのヒントが得られる。絵画やオブジェなどのアート作品の場合、大きさによって展示場所は決まってしまう。せっかくなので人目につくところに置く。図書館にあるものを使って作ったものを置くことで、図書館に対する社会のイメージも少しずつ変わるかもしれない。

場の運用ルールとしては、図書館に置いてあるものを使って作ったものに限ることである。うまく軌道に乗れば、人によっては「これも置いてほしい」となんら関係がないものを持ってくるだろう。筆者の経験では不要になった絵画、書道、掛け軸を持ってこられたことがある。

次に考えなければならないのは、自家本についての対応である。自分史を自費出版する人もいる。地域とは関係がないものだが、図書館の本に置いてある本を使って書いたものもあるだろう。本の場合、図書館の蔵書として置いてほしいという希望が多い。このときの考え方は二つあると思う。一つは、蔵書としては引き取らないで絵画やオブジェと同様に一定期間だけ図書館に置いて、誰でも手に取って読むことができるようにする。もう一つは、地域の資料として図書館の蔵書として受け入れる。図書館に置き続け、後世の人たちが読めるようにしていく。一概にどちらがいいとはいえない。図書館の大きさ、保存書庫によって運用も変わるだろう。しかしながら、多くの人に図書館を使った創造を見てもらえるようにするにはどうすればいいのかを考えていくべきである。

3―7　地域の活動を紹介できる掲示板

図書館周辺の地域に住んでいる人がどのような活動をしているのかを知るための掲示板を館内に設置する。図書館業界では地域の課題解決や地域との関わりについて話題になる。まずは掲示板を設置することだと考える。この掲示板に掲示するものは大きく二点ある。

一点目は町会や自治会の活動紹介である。町会とは「同一地域の居住者が、自分たちの共通利益の実現と生活の向上を目的として作る組織」(3)で、自治会とは「同一地域の居住者が、自分たちの共通利益の実現と生活の向上を目的として作る組織」(4)である。図書館で働いている館員が図書館の近所に住んでいれば、月ごとにどのような行事や集まりがおこなわれているのかわかる。有力者は誰でどのような人なのかもわかる。ところが、職場の図書館と住んでいるところが離れている場合、地域の情報はなかなかわからない。極端なことをいえばその日、図書館周辺の地域でどのような出来事があったのか知らないということもある。筆者の経験で地域の人との付き合いの重要性を実感したことが一つある。それはある分野で著名な人が亡くなったときのことである。地域の人から訃報の知らせを聞いて、すぐに出勤している館員にそのことを話すと、みんな驚いたが、筆者以外に訃報を知っている人はいなかった。仮に筆者も知らなかったとすると、後日、新聞のおくやみ欄を見て初めて知ることになっただろう。経験がある人は知っているが、新聞への掲載は葬儀社を通しての掲載になる。葬儀社が遺族に掲載の可否を聞く。場合によってはおくやみ欄に掲載されないのである。町会や自治会の人とつながりがないとわからないことは多い。

引っ越しなどで新たにその地域に住み始める人にとっては、そこがどのような土地柄なのかすぐにはわかりにくい。隣近所と多少の付き合いはあるかもしれない。回覧板の受け渡しくらいはあるだろう。とはいうものの、いきなり地域の活動に参加しようと思ってもよくわからない。公園デビューのように緊張や不安がある。そんなとき図書館に行って地域でどのような活動がおこなわれているかがわかるチラシやポスターが掲示されていれば、多少は町の様子を知る手立てになるだろう。

二点目はボランティア活動の紹介である。地域のなかには多様なボランティア活動をおこなっている団体がある。仲間を増やしたいと思っている団体もある。何か活動に参加してみたいと思っている人もいる。内閣府の調査では、五八・三%がボランティア活動に関心がある。ボランティア活動をしたことがある人の参加の理由は、「活動を通じて自己啓発や自らの成長につながると考えるため」が四三・一%で最も多かった。調査によると「国・地方自治体等への要望」としては、「ボランティアを受け入れる団体・NPO等に関する情報提供や情報発信を充実すべき」（四一・三%）、「ボランティア活動を行いたい人と、受け入れる人を結びつける人（団体等）を養成・支援すべき」(5)（三六・五%）となっている。ボランティア団体と参加希望者、両者のマッチングの一つとして館内に活動を紹介する掲示があってはどうだろうか。何げなく図書館に本を借りにきたら、ボランティア活動を紹介している掲示板を見たので参加してみた、ということがあってもいいのではないだろうか。

他方、図書館で発行している広報紙は町会や自治会の掲示板に掲示されているだろうか。もしくは配布されているだろうか。公民館やコミュニティーセンターに掲示されているだろうか。地域の施設に図書館の広報紙を掲示してもらうことは、図書館がどのようなことをおこなっているのか知ってもらう一つのきっかけである。一方的に図書館に掲示板を作ったことを知らせても反応は鈍い。互いに情報を交換することでそれぞれの活動を知ることができる。

3―8　巨大スクリーン

最低でも三百インチはあるスクリーンを用意する。小さなスクリーンではなく巨大なものである。用途はいろいろある。たとえば以下のとおりである。図書館の情報発信。来館者が図書館にあるものを使って作った映像を流す。地域の様子を映し出す。ときにはパブリックビューイング、災害時の情報提供に使う。

図書館の情報発信の例としては、近々おこなうイベントの告知とすでに実施したイベントの様子を放映する。講師を招いた講演会をおこなうとする。その人がほかの場所で過去に話しているときの様子を一部映して関心をもってもらう。後日、定員に達して会場に入れなかった人のためにイベントの様子の一部を流す。少しでも不満を解消してもらうのと同時に、これから図書館でおこなわれる行事に関心をもってもらう。いまは、過去の行事の様子をダイジェストで流している図書館はほとんどない。図書館でどのような行事がおこなわれているのか外部に向けてもっと示していくべきである。

来館者の想像と創造は映像でも可能だと考える。印刷媒体や目に見える形ではすでに述べたようにそれぞれ自己表現する場所はある。形にならないものは映像で流す機会があってもいいと思う。アニメーションやコマーシャルのような短時間のものもいいし、ドキュメンタリーやドラマ、映画でもいい。映像表現についても関心を起こすようにしてはどうだろうか。可能性は低いが、たまたまその映像を見た人が映画監督で、映っている人を出演者に起用するという夢物語があってもいい。あるいは、制作した映像を図書館で発表していた人が、数年後に映画監督として著名になるということだってあるかもしれない。いつか図書館から俳優や映画監督が誕生するということである。うまくいけば、その巨大スクリーンを使って新作映画の試写会をおこなってもいい。

自治体の広報課やケーブルテレビがたまに地域の様子を撮影して流すことがある。けれども、あまり見られていない。DVDなどで広報課がもっている場合は借りて地域の情報を流す。図書館に来たついでにスクリーンに映されていれば少しは興味をもって見るだろう。その場合、来館者数が多い図書館でおこなうことが肝要である。

パブリックビューイング、災害時の情報提供は頻度としては少なくなるだろう。しかし、効果はあると考える。パブリックビューイングとはスポーツの試合を会場外の大画面で見せることである。日本のパブリックビューイングの原点は、テレビが家庭に普及する前の一九五〇年代におこなわれた街頭テレビからだといえるが、現在のような方法が採用されるようになったきっかけは、八八年のオリンピック・ソウル大会だったといわれている。(6)

二〇二〇年に開催予定の東京オリンピック・パラリンピックでは図書館の巨大スクリーンでパブリックビューイングが実現できたらすばらしいと思う。現地で応援したいが行かれない。そこで行き慣れた場所に集まってアスリートを応援する。しかも、図書館内であるため、日焼けや雨など気にしなくてもいい。図書館としては、その際には、関連資料の展示や元アスリートの講演会なども企画したい。

大規模災害が発生したときには、スクリーンにテレビのニュース番組を映して情報を提供する。巨大なスクリーンだからこそ館内にいる来館者に効果的に見せることができる。

なお、緊急時のとき以外にスクリーンを使って映像を流すときはあらかじめ使用する時間を決めて、事前申し込み制にする。館内で本や新聞を読んでいる人に配慮した運用をおこなう。

3-9　カフェスペース

カフェなどの軽食がおいしくてくつろげるエリアがあるといい。図書館を利用中に、「小腹がすいた」「のどが渇いた」と思ったことはないだろうか。館内で隠れて菓子パンを食べたり飲みものを飲んだりしている人を見る。こそこそしている様子を見ると、堂々と飲食ができるカフェがあってもいいと考える。わざわざ図書館の敷地外に出なくていいようにカフェを設置する。調べものや読書の合間に息抜きをするためである。いくつかの図書館では喫茶室や食堂がある。おいしいものを提供しているところもあれば、残念なところもある。経験上、図書館で提供しているものは残念な場合が多い。理想はホットのブラックコーヒーが砂糖など何も入れなくてもおいしく飲めるクオリティーである。本を読むためではなく、カフェで販売されているパンや飲みもの目当てに図書館に来る人があるほどの商品を提供できればいい。だが、一般的なカフェを設置するだけではおもしろくない。図書館的な発想として、小説や絵本に出てくる料理や飲みものなど本と関係があるメニューも出す。地域の農産物支援の意味を込めて食材は地元のものを使用し、農産物をアピールするメニューも提供する。

カフェの場所については図書館部分と分けたほうがいい。来館者に分かれていることをわかりやすいようにした構造にしたほうがいい。理由は大きく二点ある。

一点目は本や雑誌などを守るためである。本や雑誌に飲みものがこぼれたときの対応である。カフェで読みたい場合は、その本や雑誌を借りる処理をしてからカフェに持ち込んでもらう。そうすれば、もしカフェスペースで読んでいるときにコーヒーをこぼしてしまったときは弁償になる。館内で自由に飲みものを飲めるようにすると飲みものをこぼしたときにカウンターに申し出ず、こっそり見つからないように棚に戻してしまう場合がある。誰が汚したのかわからなくなる。かつ、汚れた本を棚を整理しているときに見つけたら廃棄するしかない。

二点目は香りとニオイである。パンが焼けてオーブンの扉を開けたときの一瞬の香り、コーヒーを入れたときの香りはいいものだが、香りがどこからか漂ってくることを嫌う人もいる。香りではなくニオイになるのである。図書館には不特定多数の人が来館する。来館者にとって香りになるのかニオイになるのか一概にはいえない。落ち着いて本が読めない人が出ることも考えられるのである。

カフェを利用する人、利用したい人、利用しない人を考えて設置場所、提供するメニュー、品質を考えることで来館者の満足度は高くなる。どのような来館者がいるのか調査をおこない、近隣のカフェと差別化していく。

3―10　気軽に話せる空間

これまでの図書館といえば静かに読書をする場所のイメージが強い。不必要な音を出してはいけないと過剰に思っていると疲れる。鉛筆や消しゴムを置くにも静かに置かないといけない。ちょっとした会話でも「うるさい」と言われる。しまいには「新聞をめくる音がうるさい」と言う人もいる。図書館はとにかく静かにしなければならない空間と思われている。これからは、少しは声を出してもいい空間が必要である。

複数人で調べものをしているときに話す場面はある。その際、周囲の視線を感じ、近くの利用者から「うるさい」と言われる可能性がある。図書館員から「静かにしてください」と注意されるのではないかと気にする。これでは想像・創造を妨げる。ちょっとした会話から発想が生まれることもある。防音ガラス張りの部屋や仕切りを設けるなど気軽に話せる空間を作ったほうがいい。図書館に置いてある本や雑誌、新聞を使って数人が話をしながら調べものをおこなうことを図書館の側から仕掛けてもいい。ホワイトボードやプロジェクターも置いてあればさらに盛り上がるかもしれない。図書館業界では、地域の課題解決に取り組もうとしている人々に対する支援をどのように展開すべきか模索中である。図書館には調べる道具はある。だが、その道具を広げる場所も必要である。これからは図書館がその場所も提供しようというのである。

話せる空間の作り方として重要なのは、外から何をやっているのか様子が見えることである。図書館にある本を机に広げて数人が何か話している場面を、ほかの来館者が通りすがりに見られるようにする。見ることによって図書館の有効な使い方を知り、考え、まねをするかもしれない。一方、見られる側も声の音量、マナーや利用の仕方に気をつけるようになる。机に本や雑誌を広げて人と話し合っている場面が図書館で見られるようになれば、図書館に対するこれまでのイメージは変わるだろう。一つの館にさまざまな空間があってもいいと考える。

3—11 静かに読書する部屋

無音で読書だけできる部屋もほしい。集中して本を読む部屋である。図書館に行く人のなかには集中して本だけを読みたい人もいる。その場合、音に敏感になる。新聞をめくる音、何かメモしている音、足音、図書館員と来館者の会話、本棚から本を取り出したときの音。気にするときりがない。

読書室の作りは以下のようにする。窓はない。外の様子がわかると集中して読書ができない。外の様子がいっさいわからないようにする。防音にする。外からの音がいっさい入らないようにする。電波遮断装置を設置する。入室前に携帯電話は読書室入り口にあるロッカーに入れてもらう。しかし、約束を守らない人はいる。電波遮断装置をつけることによって着信音・バイブレーター音がならないようにする。椅子は置かない。椅子を引いたり押したりする音は気になる。椅子がなくても読めるのは和室である。座椅子は置かない。畳の上に座って本を読む。座布団は任意で使用する。和室であるため学習机のようなものは置かない。机がほしい人のために一人用の座卓をそろえる。座卓の高さは中学生から大人までが使える三十五センチのものにする。

読書室に入る前に荷物は入り口に設置してあるロッカーにしまってもらう。読む本以外すべてしまってもらう。新聞・雑誌を読みたい人は利用を遠慮してもらう。読書室に入る前に靴を脱ぎ下駄箱に入れてもらう。室内は足音がないように歩いてもらう。のどが渇いた場合は外に出て水分補給をしてもらう。飲みものを飲む音は不快であり、集中して読書したい人の妨げになる。そして、カゼぎみの人、鼻水で苦しんでいる人は自粛してもらう。せき、くしゃみの音は気になる。鼻水をする音、鼻をかむ音、鼻づまりの音は気になって読書に集中できない。

読書室の運用は厳しいかもしれない。だが、集中して本を読みたい人のために静粛な環境は必要である。イメージとしては座禅に近いが。

3—12 光の演出

図書館の光の演出にこだわってみるのはいかがだろうか。照明の使い方によって空間の印象ができあがる。最近、ブックカフェのような雰囲気を好む人がいる。カフェのような雰囲気を構成する要素の一つに照明の使い方がある。スポットライトでカジュアルな雰囲気を出している。テーブルスタンドを使用し、読書が落ち着いてできるような演出をしている。筆者が実際に見た図書館では自然光を上手に活用したところがあった。ある一角だけをオレンジ色の光で照らして、温かくリラックスできるような演出をしている図書館もあった。

人は一般的に開放感があるような明るいものを好む。一方でカフェのような少し暗くて温かなものも好む。それぞれの場所に応じて光を使い分けることにこだわってみてはどうだろうか。場所に応じた照明器具の使い方がある。図書館にはさまざまな場所がある。今回は本棚、閲覧席、カウンターに分けて、提案をしたい。

本棚では本を探すときに光が必要である。本棚の下にいけばいくほど暗くなり背表紙の文字は読みにくくなる。本を探しにくい。目当ての本を見つけてページをめくる。ほどよい光がほしい。本棚に小さい照明を埋め込んでみてはどうだろうか。壁の近くに本棚がある場合は配光の工夫がしやすい壁付け型のブラケットにする。

閲覧席では本を読んだり、ノートに何か記すことが考えられる。閲覧席の配置の仕方によって照明器具の種類と取り付け方法は大きく変わる。だが、直接照明と局部照明をうまく組み合わせたい。直接照明としてはシーリングライトかダウンライトをうまく利用する。局部照明には可動性が十分にあるスタンドを机に取り付ける。閲覧席によっては学習机のように直付けのデスクライトが取り付けられている。これは光を調節できないため使いにくい。

カウンターは来館者と図書館員が直接対面する空間である。カウンターが暗ければ雰囲気も暗くなる。暗く感じる場合は、吊り下げ型のペンダントライトを設置して温かい感じを出してはどうだろうか。カウンターでは本の貸し・借りだけではなく苦情やトラブルなどさまざまなやりとりがおこなわれる。光の演出によってストレスの軽減につながる。

自然光の使い方、来館者の年齢に配慮した光など、光についてはまだまだ考えることはある。光の演出は奥深い。これから図書館の建て替え、新館建設、改修工事があるときは、予算の関係もあるが光の使い方も頭の片隅にあるといいと思う。

3―13　図書館の椅子

椅子にもこだわるべきである。本を読むとき、何か調べているときに椅子に座ることがある。置いてある椅子によって来館者の満足度も変わる。何げなく利用している椅子は図書館の家具のなかでもよく使われるものだ。一般的に図書館で設置されている椅子は地味であり、どこの図書館に行っても似たようなものばかりである。図書館にある椅子は耐久性と経済性だけを考えたものになっているのではないだろうか。不特定多数の人が座るとなれば、加重や湿気、汚れなどに耐え、簡単には壊れない頑丈な作りをした椅子になる。安全が担保されているのは当然となる。そうなると業者が持ってくるカタログに掲載されているような平凡な椅子が手頃になる。質や珍しいものを求めれば価格は一気に高騰する。予算の関係上、高価な椅子は買えないことがほとんどである。

数脚だけでも、こだわりの椅子を置いてはどうだろうか。すべての椅子を北欧のデザイナーが作った椅子にしなくてもいいのだ。

図書館ごとに来館者層は違う。特定の来館者層を想定した図書館もある。それならその来館者の層に合ったものを置くべきだ。想像と創造専用の椅子も必要である。この二点について以下に記す。

一点目、多くの高齢者が図書館で本や新聞を読んでいるとする。身体をしっかり支えることができ、ひじ置きがついている椅子を置く。ひじ置きは立ち上がるときに使う。介護用品から椅子の作りを考えてみてはどうだろうか。

また、よく見る光景として椅子の前足の部分を地面から浮かせて後ろ足だけでバランスをとる座り方をしている人がいる。小学生の一部が学校でやっている、よく先生に怒られるあの姿勢である。椅子を揺らしている場合もある。ときに、後ろにひっくり返る人もいる。いっそのこと、前後に揺らすことができるロッキングチェアを置いてはどうだろうか。

このように図書館のなかにいろいろな椅子を少しずつ置くのである。本棚の近くには背もたれがないスツール。新聞をじっくり腰掛けて読みたいときのためにソファー。高齢者用にひじ掛け椅子。小休憩したいときに安楽椅子。

二点目の例としては多機能の椅子である。ずっと椅子に同じ姿勢で座り続けるのは大変であり疲れることもある。集中力はそんなに持続しない。そこで一つの椅子で活動と休憩の両方ができるものが必要である。本を読んでいるとき。ノートに何かを書いているとき。少し休みたいとき。それぞれの場面でも一つの椅子で満足できるような椅子である。現時点でこの理想に近い椅子はヴァリエール社のバランスチェア(7)である。

使いにくそうにしている人、気持ちよく利用している人もいる。デザインを重視したせいで座り心地が悪いものもある。図書館の来館者に意識を向けていればどのような椅子に需要があるかわかる。

3-14　職員の休憩室

新しく図書館を建設するときは職員の休憩室をきちんと設けるべきである。仕事柄、多くの図書館の図面を見るが、きまって寂しい個所がある。それは職員の休憩室である。図書館来館者にはなじみがない場所である。そもそも休憩室がない図書館もあり、昼食の弁当は事務室で食べるのである。筆者は休憩室がある図書館とない図書館で勤務したことがある。十二時以降は職員が時間交代で事務室で弁当を広げる。その近くでは別の職員が電話当番などの仕事をしていたりする。事務室には弁当のニオイが漂う。カップ麺や唐揚げ弁当などのニオイは、カウンターから事務室に入ったときに意外と鼻につくものである。

事務室でごはんを食べていると、職員からカウンターでうまくいかない来館者対応について相談される。特に本の弁償など微妙な問題のときに判断をあおがれる。これでは勤務時間と休憩時間の区別がつきにくい。

カウンターに立って対応していると、来館者から無理難題を要求される場合もある。大きい図書館は、土日は貸出・返却カウンターに開館から閉館まで常に行列ができて忙しい。職員はミスがないように注意しなければならない。疲れを感じることもある。リフレッシュのためにも、新たな企画を作り出すためにも、充実した職員の休憩室は必要である。冷蔵庫や電子レンジ、給湯設備だけではなく、テレビ、ソファやテーブルを配してそれぞれがくつろげる場所を設けるべきである。休憩時間はリフレッシュに専念し、次の仕事に気力十分であたれるような環境を整備することが望まれる。体調が思わしくないときや、少し休みたいときもある。仮眠室も設置したい。実際、十五分から二十分間程度の昼寝をすると作業効率がアップするといわれている。一般企業のオフィスのように自分の机で寝ようと思えばできるが、事務室には作業をおこなっている職員がいるので、なかなか難しい。仮眠室での昼寝を奨励してもいいのではないだろうか。

勤務時間と休憩時間をきちんと明確にすることによって、一人ひとりの職員の心のもちようも変わる。周りにいる職員も意識が変わる。職場環境の整備も館員の想像・創造につながっていくのである。

3―15　ロボット司書

いつか図書館に人型ロボットを配置したい。その理由は大きく二点ある。一点目は危機管理の面からである。図書館は女性が多く働いている。男性職員が少ないため、問題がある来館者対応に苦労することもある。職員が殴られてけがをすることもある。つばを吐かれたり、服を引っ張られたり、雑誌で頭をたたかれることもある。対応に苦慮するときに、人とそっくりのロボットが登場して対応する。殴られても暴言を吐かれても、ロボットだからなんてことはない。ロボットはそう簡単に壊れない。殴った人のほうが痛い思いをするだけである。一部始終をロボットが記録しているから、あとで警察に被害届を出すときに便利である。

二点目は館内のフロアワークの強化である。すべての職員が図書館の専門家として配置されているわけではない。大学を卒業して図書館勤務が初めての人もいる。異業種から図書館に来た人もいる。そんなとき、フロアにいて話しかけられてもうまく対応できないことはある。人型ロボットなら必要な情報は入れてあるのですぐ回答ができる。子どもや高齢者にとっては、館内にある検索機よりも人型ロボットのほうをおもしろがって話しかけるだろう。なじみやすいと思われる。ロボットでも人と会話をしているように、自分が知りたい情報を得られることが最大の特徴である。来館者の調べものや問い合わせ内容をロボットに蓄積させることができる。ロボットは特定の質問内容なら瞬時に検索し、回答ができる。

こんな夢物語を思ったのは、ソフトバンクの孫正義氏が二〇一四年六月五日におこなった記者会見で人工知能を搭載した人型ロボット「ペッパー（Pepper）」を発表したことによる。報道によると人の感情を理解することができるらしい。一五年二月から、十九万八千円（税抜き）で一般販売される。[8] ロボット開発と研究、発売はこれからも続いていくだろう。マンガや映画に登場したロボットのようなものが誕生するのも時間の問題だろう。人型ロボット誕生の報道を見たときに図書館にロボットはそもそも必要なのか、必要な場合はどのような場面なのか想像する、そのことこそが大切ではないだろうか。人だからできること、ロボットだからできることを考えることで新たな図書館サービスを考えるヒントになる。人の感情を理解し、会話も人と変わりなくできる、聞いたことをすぐに教えてくれる、丈夫で簡単に壊れない。そんな人型ロボットが二十万円で発売されたらどうなるだろうか。ロボットの登場は人間のよさを改めて考えることでもある。

3―16 次世代の貸出券

これからの貸出券は、借りた本の状況や予約した本の状況を管理するだけではなく多機能にすべきである。多機能にしたほうがいい理由は大きく二つの方向性があるからだ。一点目は、たくさんのカードを持ちたくないため。二点目は図書館資料のさらなる活用と出会いを増やすためである。この二点に絞って以下に記す。

一点目については、我々は日常の生活でどれだけのカードを持ち歩いているだろうか。財布もしくはパスケースのなかに入っているカードをテーブルに並べてほしい。免許証や保険証、クレジットカード、キャッシュカード、各種の会員カードやポイントカード、プリペイド型電子マネーなど多数である。これらに加えて図書館で使用する貸出券がある。

図書館のカウンターにいると、「きょうは貸出券を忘れたけれど借りられるか」と来館者に聞かれることが多い。この場合、ほとんどの図書館では来館者に無券貸出申し込み書などに記入してもらう。そのあと、住所と氏名などが確認できるものと一緒にカウンターに持ってきてもらえれば貸出手続きをおこなう。

カードをたくさん持っていると、毎日は使わない図書館の貸出券は財布から抜いていることがあるのではないだろうか。いっそのこと、図書館の貸出券はほかのカードと一体型にしたほうがいいのではないだろうか。プリペイド型電子マネーなど日常的に使うものと一緒にするほうがいいだろう。実践例として、一つのカードに図書館の貸出券と交通系ＩＣカードや電子マネーの機能が搭載されているものがある。このような方式はまだ、二〇一四年時点では数えるほどしか実践は少ない。北海道の札幌市のＩＣカード乗車券「ＳＡＰＩＣＡ（サピカ）」には図書館の貸出券機能がついていて、札幌市中央図書館など市内約四十カ所の図書館と関連施設で利用できる。(9) 東京都墨田区立図書館ではFeliCaを二枚目の共通利用カード（かしだし券）として登録し、利用できる。(10) 図書館を使う立場に立って利便性を考えてみてはどうだろうか。

二点目については想像と創造のために活用する。通販サイトでは当然のようにおこなわれているレコメンド機能をつける。「この商品に興味がある人は、こんな商品にも興味があります」を図書館でもおこなうのである。貸出券のバーコードを機械に読ませると図書館のコンピューターは貸出の処理をしたデータを蓄積することができる。データを適切に管理し活用していけば、「この本に興味がある人は、こんな本にも興味があります」と案内をすることができる。実践している図書館はまだ数えるほどである。もちろん、この機能は人によっては目障りなだけで必要ないかもしれない。この機能は利用者が貸出履歴の利用を承諾した場合に使えるようにしてはどうだろうか。

ほかに借りた本のデータを上手に活用する例として、ガーデニング関係の本をよく借りる人たちがいるとする。図書館のコンピューターで貸出のデータを処理していく過程からガーデニング関係の本が新しく図書館に入ったら、お知らせをメールで伝える。ガーデニングの本を借りなくなったらコンピューターが判断してメールで伝えることはしない。図書館でガーデニング教室を開催する場合、コンピューターが判断してお知らせをメールで伝える。行事開催のチラシはせっかく館内に掲示してあっても気づかれないこともある。直接、資料を借りている人に案内することは効果的ではないだろうか。個人情報保護は当然ふまえたうえで、貸出券のさらなる可能性を考えてみてはどうだろうか。

注

（１）「情報コンセント」「デジタル大辞泉」「JapanKnowledge」（http://japanknowledge.com）［アクセス二〇一四年十一月八日］を参照。

（２）「３Dプリンター」「現代用語の基礎知識」「JapanKnowledge」（http://japanknowledge.com）［アクセス二〇一四年十一月八日］を参照。３Dプリンターは、立体の造形を作成することができる。コンピューターに入っている３ＤＣＡＤの立体数値データを基に、樹脂を溶解したり、あるいは樹脂の塊を削るなどすることで、立体的なオブジェクトを作成する。製造業をはじめとする工業分野では、以前から使われていた。高価だったが、数年前から数十万円という低価格のものが登場したことで、一気に需要が広がった。

（３）「町会」「デジタル大辞泉」「JapanKnowledge」（http://japanknowledge.com）［アクセス二〇一四年十一月十八日］を参照。

（４）「自治会」「デジタル大辞泉」「JapanKnowledge」（http://japanknowledge.com）［アクセス二〇一四年十一月十八日］を参照。

（５）「内閣府 平成二十五年度 市民の社会貢献に関する実態調査」（https://www.npo-homepage.go.jp/pdf/h25_shimin_chousa_gaiyou.pdf）［アクセス二〇一四年十一月十八日］を参照。

（６）「パブリックビューイング」「ニッポニカ・プラス」「JapanKnowledge」（http://japanknowledge.com）［アクセス二〇一四年十一月十八日］を参照。二〇〇二年に日韓共同で開催されたＦＩＦＡワールドカップでは、パブリックビューイングの名称で大会会場周辺やほかのサッカー競技場、大ホールなどでおこなわれ、スポーツ観戦の方法として定着したといわれている。

（7）「Gravity（グラビティ）」（http://royal-furniture.co.jp/varier/varier/gravity/）［アクセス二〇一四年十一月十五日］を参照。二〇一四年時点で一脚三十五万六千四百円（税込み）である。

（8）「ソフトバンク ロボット」（http://www.softbank.jp/robot/）［アクセス二〇一四年十一月十五日］を参照。Pepper は常時ネットワークに接続される予定である。インターネット上のさまざまな情報に自らアクセスして最新のニュースや天気、株価などを教えてくれる。図書館に応用できる可能性がある。

（9）「サピカ図書貸出券に 市内四十カ所で利用可能へ」「自治体情報誌 D-file」二〇一四年八月号、イマジン出版、三五ページ

（10）「墨田区立図書館 FeliCa を共通利用カードの代わりに使うことができます」（http://www.library.sumida.tokyo.jp/uguide?6&pid=306）［アクセス二〇一四年十一月十五日］を参照。

第4章

資料と情報源

4―1　ここにしかないもの（お宝）

そこの図書館に行かないと見られないという「お宝」をもつべきである。対外的に自慢できるものである。遠方からはるばるやってきたという人がいるくらいのものである。それは古書や古文書、骨董品などに限らない。一般的に流通していない図書も含まれる。以下に五館の例を記す。

東京二十三区では千代田区立日比谷図書文化館に貴重なものが置いてある。四階の特別研究室では、内田嘉吉文庫や旧一橋図書館本など約二万冊の古書を手に取って閲覧や研究に使用することができる。内田嘉吉《うちだかきち》（一八六六―一九三三）は、逓信省に入って逓信次官を経て台湾総督府民政長官や台湾総督などを歴任。退官後は日本無線電信の社長なども務めた。海外出張の際、西洋の大航海時代の航海記や探検記をはじめ、世界各地の歴史・地理書を精力的に収集した。(1)

岩手県立図書館では、宮沢賢治と石川啄木に関する資料を開館以来網羅的に収集してきた。それぞれ、「賢治文庫」「啄木文庫」と名付けている。「賢治資料展」「啄木資料展」を定期的に開催している。岩手県立図書館のウェブサイトには、それぞれの作品の一部を電子図書館として公開している。(2)

神奈川県立川崎図書館では、企業の会社史、経済団体史、労働組合史を収集している。約一万七千冊所蔵していて、四階の社史室で公開している。(3) 会社史は社史といわれることが多い。社史とは会社が自らの責任で発行しているその会社の歴史書である。[4] 会社創立何十周年や百周年などを記念して発行されることが多い。

鳥取県立図書館では経済研究所の出版物を見ることができる。二〇一四年八月三十日時点では五百十一冊ある。このうち矢野経済研究所の出版物は九冊をもっている。矢野経済研究所とは市場規模調査、企業シェア調査、将来予測などをおこなっている会社だ。『二〇一三年版 日本マーケットシェア事典』[5] もある。これは一冊で日本国内のマーケット状況を概観することができる。十万三千円（税抜き）である。一般的に経済研究所の発行物は価格が高い。個人が買うには考えてしまう。図書館にあれば必要なところを見ることができる。

大阪府立中之島図書館では業界新聞を収集している。業界新聞とは特定の産業や業界に特化した新聞である。中之島図書館では二〇一四年八月二十日時点では四百九十タイトル以上の業界新聞を見ることができる。最新の情報を入手するには、本や雑誌より新聞のほうが速報性はある。業界に特化した新聞は記述が詳しい。新聞は館内閲覧だけで、本のように借りて家で読むことはできない。

お宝とか貴重品といわれるまでには長い年月の蓄積が必要である。一年では無理である。情報収集を常におこない、関係するものを集めていかなければならない。これは職員一人ではできない。組織としておこなうから一定の量になり、整理することによって質が高まる。そして、図書館が特別コレクションをもっている場合、来館者による撮影の可否についてウェブサイトで記しておくと利用者が事前にわかるので助かる。調査によると、「都道府県立図書館の六割は該当する規則の記載がない。利用者による撮影を明示的に禁止しているのは一館のみだった。二割強が撮影を許可し、うち五館は詳細な規則を定めている」[6]という。

4―2　地図

さまざまな地図をそろえたほうがいい。そして地図に強い図書館員もいたほうがいい。地図は多くの情報が記されていて目的に応じて大変役立つ。ゼンリンに代表されるような住宅地図や昭文社から刊行されている『スーパーマップル』に代表されるような道路地図は図書館に置いてあるだろう。これらだけではなく、ほかのものもぜひ置いておきたい。

地図とは地図学用語辞典によれば「地表の形状を一定の約束に従って一定の面上に図形などで示した画像で、これを基礎に、その上と下との空間を表示するものを含むとすれば、地球に関わるすべての図面を総括することができる」[7]とある。地図を利用目的で分けると一般図と主題図になる。一般図は地形図や地勢図である。地形図は客観的な基準に従って描かれたものである。地勢図とは二十万分の一の地図である。主題図は特定のテーマに合わせて作られたものであり、深く掘り下げている。商業地や農地、山林など土地の利用状況がわかる土地利用図。土地の成り立ち、土地の高低、埋め立ての歴史がわかる土地条件図。過去の火山活動によって形成された地形、噴出物の分布のことがわかる火山基本図などがある。[8]陸地だけではなく海図もある。海図とは、安全な航海ができるように水深や岩礁、沿岸の地形などを表現した地図である。

もともと沼地だったところを埋め立てたり海浜を埋め立てた様子、森林の減少具合などを過去の地図と比較できれば、自然災害に対して自ら主体的に判断し行動ができる。そのためには図書館に多くの地図を置き、来館者に知ってもらうことが必要である。

ただ本棚やマップケースに置いてあるだけでは来館者は手に取らない。地図に記されている情報を読み取ることができるようになるためには訓練が必要である。高校で地理を選択しなければ中学校で学んだ知識止まりである。中学校の社会科で地理的分野で地図の読図《どくず》や作図など地理的技能を学んでも、大人になれば忘れてしまうこともある。図書館員がいくつかテーマを設けて地図を手に取ってもらえるようなミニ講座を実施すべきである。地図の種類、探し方、土地利用図の見方、立体地図の見方など日常生活に関係しそうなもので十分である。久しぶりに地図を見て、新たな発見や住んでいる地域を地図から理解しようと思う人が出てきたら、ミニ講座は成功である。そのためには、地図のことなら聞かれてもなんでも答えられる図書館員がいてくれたら心強い。

4—3　大活字本

図書館の来館者層を分析したうえで、大活字本も買っていくべきである。大活字本とは大型活字本ともいう。大きい文字（十四ポイントから二十二ポイント）を使っている。文字を大きくしているのは主に高齢者や弱視者に読みやすいようにしているからである。行間もゆとりがある。ゆとりをもって文字が記されているため一般的に一冊の本が数冊に分かれている。

いま、手元にハードカバーの山崎豊子『沈まぬ太陽 一』[9]がある。三百二ページあり、千六百円(税抜き)である。これが大活字本では、ハードカバーの『沈まぬ太陽 一』一冊分が三冊[10]に分かれる。四百二十三ページとなり、三分冊がそれぞれ三千十円(税抜き)である。文字のサイズは二十二ポイントである。ハードカバーでは五冊で完結し、六千六百円(税抜き)になる。大活字本で全巻そろえると十五冊になって、四万五千七百八十円(税抜き)になる。図書館としては棚のスペース確保、購入費用が課題となる。

自治体の図書館の数、購入費にもよるが、大活字本もこれからは買っていきたい。年齢を重ねても本を読みたいという気持ちはある。けれども、歳を重ねると文字が読みにくくなる。一般的なハードカバーの本を読むことが困難になっていく場合もある。そんなとき、図書館に大活字本が置いてあると高齢者が手に取ってくれるかもしれない。図書館に大活字本を置いていれば小説を読んでみたいと思うかもしれない。自治体内に複数図書館があり、ある一つの図書館が高齢者が多く住んでいる地域にあったらそこが大活字本の購入を集中的におこなって、図書館入り口近くにコーナーを設けるなどしてはどうだろうか。

大活字本を出版している出版社は限られていて、小説が圧倒的に多い。図書館で大活字本を置くところが増えて利用する人も増えていけば、小説以外のものも読みたいというリクエストを受ける可能性がある。そんな来館者の声を出版社に伝えていく必要がある。どれだけ需要があるのか出版社が知ることができれば、小説以外のタイトル数が増えるかもしれない。出版社と図書館が手を組んでいくことがいいのではないだろうか。

4―4　パンフレット、リーフレット

パンフレットとリーフレットを積極的に集める。パンフレットとは「分量が数ページから数十ページと少なく、きわめて簡易な方法で閉じてある冊子体の印刷資料[11]」で、リーフレットとは「印刷した一枚の紙を一回折って二ページないし四ページの冊子体にした印刷資料[12]」である。この二つはまとまった情報が簡潔に記されている。図書や雑誌では書かれていないことを知るには有効である。

パンフレット例としては、国立がん研究センターがん対策情報センターでは「各種がんシリーズ」として、パンフレットに病気や治療についてまとまった情報が記されていて、病院の待合室に置いてある。一部の冊子は公立図書館に置いてある。がんについて力を入れている図書館では、がん関係の本を並べた本棚に置いてある。

乳房外パジェット病について知りたいと思ったとする。検索をすると『科学的根拠に基づく皮膚悪性腫瘍診療ガイドライン[13]』という書籍がある。この本は定型的な診療上の問題を取り上げ具体的な指針として提示した、予防、診断から治療法、経過観察にいたるまでの診療ガイドラインであり、医者や医学部の学生が読む専門書である。この本は全国の公立図書館では十館がもっている（二〇一四年十月一日時点）。がん対策情報センターで発行している「各種がんシリーズ[14]」には乳房外パジ

エット病について記されたパンフレットがある。こちらのほうが一般的に書かれていて概要を知るにはいい。

次にリーフレットである。気象庁は、二〇一三年に特別警報の運用を開始した。一四年八月時点では、特別警報の概要を知るには気象庁から出ている『気象業務はいま(15)』しかない。これは印刷媒体と同じものが気象庁のウェブサイトにPDFファイルとして公開されている。もっと手軽に知りたい。気象庁から「特別警報(16)」というリーフレットが出されている。特別警報に相当する事例、大雨の場合などが図表を入れて簡潔に記されている。関係する本棚に置くことによって、災害から身を守ることができる可能性も高まる。

パンフレットとリーフレットは意識しなければ集まらない。本や雑誌と違って、カタログから選ぶということはできない。自ら省庁や機関の情報を収集していなければ発行されたことはわからない。特定のことに力を入れている図書館だったらいっそのこと、発行物を自動的に送ってもらえるように頼んでみてはどうだろうか。

4—5 マンガ

マンガは世界に誇れる文化である。欧米でも認められている。図書館はその図書館がある地域の状況の確認と資料収集方針を明確にしてから、買うか買わないか決めるべきである。地域にゆかりがあるマンガ家がいる場合は、地域資料という観点から購入してもいいのではないだろうか。数が多いなら図書館にマンガ専用のコーナーを作ってはどうだろうか。実施している図書館はわずかである。自治体によってはマンガを収集していない図書館、収集している図書館がある。コミックスは購入しているが、「週刊少年ジャンプ」（集英社）のような少年マンガ雑誌を買っていないところもある。筆者はマンガを所蔵している自治体、所蔵していない自治体を経験したことがあり、それぞれの言い分は理解できる。

マンガを図書館で置かない理由は大きく四点ある。一点目は費用の問題である。一冊あたりの金額は低い。ある人気のマンガは一冊四百三十二円である。ただ、完結していなく現在も続いているシリーズものを購入するとなると一作品にかける購入金額が高くなる。一年間の本の購入費が少額の図書館にとっては厳しい。二点目は棚の問題である。常に借りられていれば棚不足の心配はない。だが、一昔前の作品が常に借りられるとはかぎらない。一シリーズあたり百冊となるとかなりの幅をとる。三点目は汚損・破損の確率が一般書より高い。特にマンガはページがはずれることが多く、修理する回数が多いので手間がかかる。四点目は一般的にマンガは低俗だという意識が少なからずある。「マンガなんかを買うなら予約が多い小説を買ってほしい」と申し出る人もいる。

マンガを買う場合はそのあとのこともよく考えたほうがいい。筆者がある自治体にいたときである。完結していないある有名マンガのシリーズを一冊買っている図書館があった。予約をする人が多くなり困った。一般的な本の場合、該当本をまだ買っていない図書館が二冊目を買う。マンガの場合、その一冊だけほかの図書館が買っても意味がない。そうはいっても予約の数はなかなか減らない。結局のところ、そのマンガをもっている図書館が二冊目を買うことになった。そのシリーズについては二冊そろえるということである。完結していないものを図書館で買ったほうがいいのか否か考えるヒントになった。

マンガは日本の大衆文化の一つである。学問としてマンガを捉える大学の学部・学科もできている。調査によると、マンガとは無縁と思われそうな大学図書館ではマンガを一冊でももっていた館は千百十六館だった。多く所蔵されている著者は手塚治虫、長谷川町子、戸部けいこだった。[17]その図書館の状況によっては、評価が定まった昔のマンガを集めることを検討していいのではないだろうか。図書館の来館者のニーズや、地域にゆかりがあるマンガ家がいるのか調べる。結局のところ、地域に関係するマンガ家や、評価が定まって多くの人に読まれているものから買っていけばいいのではないだろうか。

4―6 オタク(Otaku)文化

オタク文化に対して図書館がどのような関係をとっていくのか考えるべきである。筆者はできるかぎり受容していくほうがいいと考える。オタクという言葉は一九八〇年代に登場したとされている。[18]日本のマンガやアニメは海外で受け入れられている。国は「クールジャパン」と看板を掲げ、海外輸出に力を入れようとしている。オタクとはなんだろうか。人によって捉える範囲はさまざまである。野村総合研究所は『オタク市場の研究』のなかでオタクの基本的な定義を、「こだわりがある対象を持ち、その対象に対して時間やお金を極端なほど集中的に消費しつつ、深い造詣と創造力を持ち、かつ情報発信活動や創作活動なども行っている人々(19)」としている。今回は議論を拡散したくないためアニメ、マンガ、ゲーム、J―POP、アイドルなどのポップカルチャーとしたい。

現代美術家である村上隆をご存じだろうか。村上は個展を開催し、ポップとオタクを合わせた「PO + KU ART」のコンセプトのもとにアニメやフィギュアなど日本のオタク文化に密接した作品で注目を集めた。二〇〇五年にニューヨークで、村上隆が企画・プロデュースした「リトルボーイ――爆発する日本のサブカルチャー・アート」展(20)が開催された。〇六年、国際美術批評家協会（AICA）のアメリカ支部からニューヨークの最優秀テーマ美術展に選ばれる(21)。これは日本のオタク文化を表現し、海外に認められたのである。ちなみにこの展示はカタログになって販売されている(22)。一四年九月時点で東京都の図書館では都立中央図書館以外では七自治体が所蔵していた。杉並区、千代田区、豊島区、練馬区、港区、町田市、武蔵野市である。

初音ミクをご存じだろうか。初音ミクは、二〇〇七年に発売された音声合成・デスクトップミュージック用のボーカル音源と、そのキャラクターである。ヤマハの歌声合成技術である「VOCALOID2《ボーカロイド》」が使われている。パソコンで歌詞と旋律を入力するとアニメなどに出てくる少女が歌っているような合成音の楽曲を作成できるのである(23)。キャラクターがかわいく、声優が起用されていたため、インターネット上で話題になり、海外にも広がった。

日本の輸出といえば自動車、半導体がすぐ思い浮かぶ。アニメ、マンガ、ゲームなども海外で受容されていて、前述したように国も政策として意識し始めている。いままではオタクに対するイメージは決して明るくはなかった。否定的に見る人もいた。いまは変わってきている。では、図書館の立ち位置はどのようにするのがいいのだろうか。アニメが図書館で貸出が可能なDVDとして出たら買うだろうか。初音ミクに代表されるボーカロイドのCDは買うだろうか。ある国民的アイドルグループのCDは図書館で買うだろうか。これらはやりすたりがあるため、図書館として、発売後すぐに買わなくてもいいと考える。一過性の場合がある。一年後には忘れ去られていることもある。しかしながら、一定の月日が流れて定着したもの、評価が定まったものは図書館として買っていくべきではないだろうか。オタク文化は、娯楽と捉えるのではなく文化と捉えるべきである。

4—7 書店にはないもの

図書館で購入する本は書店と同じような品揃えではいけない。書店で販売されているものはもちろんあるべきである。だが、もう一つの視点として図書館だからこそできる品揃えをするべきである。書店にはないものも図書館にはあるべきである。そもそも書店と図書館は性格が違う。書店は新刊書を平積みにしてアピールすることができる。図書館は同じタイトルの新刊書をはじめからたくさんは買わない。予約件数の増加によって同じものを買うか買わないか判断する。書店は次から次へと新しいものを陳列し、古くて売れないものは返品する。図書館は本を買う予算の上限が年間で決まっている。新しいからといってすぐに購入できない場合もある。古くなったからといって安易に廃棄はしない。図書館員は、書店との違いをより意識した品揃えを考えていくべきである。

図書館と書店の大きな違いは保存庫、収蔵庫の役割にある。廃棄しなければ過去の著作を持ち続けることができる。たとえば筆者が好きな小説の一つに『カンディード』がある。これはフランスの啓蒙思想家ヴォルテールの哲学小説である。日本語訳は六冊ある。最近のものでは二〇〇五年に岩波書店から刊行された植田祐次訳『カンディード――他五篇』（岩波文庫）がある。その前は一九五六年に岩波書店から刊行された吉村正一郎訳『カンディード』（岩波文庫）がある。ほかには一九六〇年に筑摩書房から刊行された『世界文学大系 第十六 モンテスキュー・ヴォルテール・ディドロ』の一五七ページから二一八ページにかけてカンディドが記されている。現在、書店では二〇〇五年に刊行されたものは置いてある。しかし、出版年が古いほかのものは書店には置いていない。図書館では出版年に関係なくもっている。吉村正一郎が訳したものを読みたい場合は、もっている図書館から借りて読むことができるのである。同じタイトルで訳者が違うものを置いてみてもおもしろい。そんなことができるのも図書館だからである。書店では売れて本棚からなくなって、また仕入れようとしても品切れになっていることがある。そもそも一度出版した本の印刷発行を中止（絶版）する場合があって、入手できないこともある。図書館では絶版になって買うことができなくなった本も読むことができる。

次に個人ではなかなか買えない高価なものや部数が限定されているものを図書館の状況によって買う。たとえば河出書房新社から二〇〇六年に刊行された『伊能大図総覧』は三十八万円（税抜き）、限定三百部だったがすぐに完売した。地図が好きだからといって簡単に個人が買えるものではない。図書館だから買うことができるのである。一四年九月時点で公立図書館では二十四館が所蔵している。大学図書館では六十八館が所蔵している。

社会一般的に流通していないものも買う。たとえば、経済研究所が刊行しているものは図書館の交渉次第で購入することが可能である。貴重な統計やデータを入手することができる。地方で刊行している少部数の書籍はあまり書店に並ぶことがないが、興味深い本もある。日頃からカタログや特定のウェブサイトを見ていないと、ほしいと思っても購入することはできないのである。

図書館が捨てないかぎり、その本は棚に残り続ける。出版年が古い本と最近の本、部数限定の高価本、地方の出版物などをうまく組み合わせると、書店とは違った品揃えと演出ができるのである。

4―8　教科書を置く

学校で使用されている教科書も図書館に置き、来館者が自由に見ることができるようにする。教科書は教育について議論をするときに必要になるからである。新しい学習指導要領に伴って教科書が改訂される。よくマスコミは、教科書が薄くなった、厚くなったなど表面的に報じる。子どもがいる保護者なら、どんな教科書を使っているのか手元にあるので報じていることがわかる。子どもが学校を卒業している場合、テレビを見ている人にはよくわからない。よくわからないで、自分の経験だけで「詰め込むのはだめだ」とか「ゆとりだ」などの議論をするのはよくない。

一般的に誰でも行きやすい場所といえば公立図書館である。図書館に教科書を置くことで問題の所在を理解する。いまの子どもたちはどのようなことを学んでいるのかを知るのである。教育は誰もが児童・生徒として経験したことである。そのため、自身の体験を基準として現在のことを話しがちである。時がたてば学ぶ内容も変わるのである。経験だけではなく、客観的に現在の状況をふまえた議論を展開するべきである。教育はテーマとして熱くなりがちであり、誰もが何か言いたい感じになりやすい。そのときの感情ではなく落ち着いて語るべきだろう。

教科書の隣に関係する本も展示して紹介をおこなう。これは現在、学んでいる児童や生徒へ向けてである。たとえば、小学六年生の社会では明治時代の自由民権運動について学ぶ単元がある。いろいろな人名や政党が登場する。複雑である。小学生には少し難しい。そんなとき図書館でもっている児童書のなかから、自由民権運動に関係する記述がある部分を開いて展示するのである。本を一冊、表紙だけ見せた状態で置いてはよくわからない。該当するページを見せることに意味があるのである。この作業は大変である。図書館員は本の中身を読んでいないとわからない。単に自由民権運動と言葉を入れて検索するだけでは冊数は少ない。教科書のこの単元とこの本のこのページはつながっている、ということを見せるのである。図書館員としての力の見せどころである。

このように単元と関係する本を紹介する場合、普段から学校で学んでいる内容を知っていなければならない。学校から情報を仕入れていなければならない。そのためには、こまめに図書館員が学校に訪問して教員との良好な関係を築くのである。

4―9　資料のデジタル化

デジタル化できるものはデジタル化しインターネット上に公開する。ここでいうデジタル化とは、もともと紙であるものをデジタル化することである。デジタル化すれば貴重な資料も公開できる。一般的にデジタル化の目的は三つある。電子図書館サービスを実現すること。公開はデジタル化した資料でおこなって、原資料をこれ以上損傷しないように保存する。そして、資料や史料を図書館に行って見たいと思う動機を作るためのデジタル化である。人を呼び込むためのデジタル化もあっていいはずである。

日本の図書館でデジタル化が進まないのは三つの課題があると考える。計画と予算、デジタル化する内容、公開の仕方である。この三つについて以下に記す。

まず、計画と予算である。予算獲得のためには事業計画が必要である。どの資料をデジタル化するのか。最初に公開するのは何点か、公開後にどれだけ増える見込みがあるのか。初公開はいつにするのか。画像フォーマットはＪＰＥＧにするのか、ＴＩＦＦにするのか、といった仕様を考える。使用する機器はどのようなものを想定するのか。仮に予算が思ったより獲得できなかった場合、現状の人員で作業できる人はいるのか。最低限これらを算出しなければ、予算の獲得どころか日常の業務に支障が出る。対象資料は今後のことも含めて考えたほうがいい。公開されたものは、その後点数が増えていないことが多い。公開したあとも計画的に資料が増えるようにしなければ次第に見る人は減っていく。一時的なものになってしまう。デジタル化を考えるときは国立国会図書館が作成した「国立国会図書館資料デジタル化の手引」[24]を一読したほうがいい。

次にデジタル化する内容である。現状では県立図書館などの大型図書館がデジタル化したものを図書館がインターネット上に公開している。筆者は村立図書館のほうがいろいろなものがあると考える。図書館が古文書、写真、地図、生活道具を現在もっていなくても、住民にデジタル化の趣旨説明をおこなっていけば理解を示し、各家庭に保存されている貴重な文物を提供してくれるのではないだろうか。村立図書館は地域に根づいていることが多く、図書館員と来館者のコミュニケーションも密であることが多い。文物の提供が難しいなら写真撮影して、画像データだけでも入手する交渉をしたらどうだろうか。

最後に公開の仕方である。それぞれの図書館でサーバーを用意し維持する時代は終わった。それぞれが維持管理費をかけているのは予算の無駄遣いである。みんなで使えるプラットフォームを大きな組織で作ったほうがいい。参考になるのは地域共同リポジトリである。福井県では福井県地域共同リポジトリ[25]（CRFukui〔Community Repository of Fukui〕）を公開している。これは、福井県内の大学や高等専門学校、公共図書館、その他教育・研究機関の教職員・学生などが執筆した論文、および貴重書や広報誌などを公開、発信するものである。県で一つプラットフォームを用意する。そこにそれぞれの機関がデジタル化したものを投稿できるようにフォーマットを作る。そうすれば村立図書館から大学図書館、研究所がもっているものにいたるまで一つの固まりになった立派なデータベースができる。県として自慢できるものが出てくると考える。維持管理費とメンテナンスは県が負担する。

4―10 電子書籍

図書館で買う電子書籍は、印刷媒体では買いにくい形態のものにすべきである。限られた予算を無駄なく効果的に使うために、電子書籍として買うものと印刷媒体として買うものを分ける。わざわざ図書館で買う電子書籍として小説やビジネス書などは必要ない。語学書やコンピューター関連の書籍、資格本などCD―ROMなどの付属資料がついているものや、書き込みができるものを電子書籍として買うべきである。これらは印刷媒体では買うのに躊躇する。特に書き込み式のものは図書館では購入しないことが一般的である。

電子書籍の語学書は書き込みと消去が自由にできる。書き込みは現在借りている人が貸出期間中は自由におこなえる。返却後ほかの人が利用するときには、前の人が書き込んだことは反映されない。次に利用する人はまっさらな状態で読むことができる。ボタンを押せば英単語や英文の発音が聞ける。

筆者が実際に利用したもので驚いたのは図鑑である。Bointechから出版されている『日本のチョウ[26]（蝶）』がある。これは3D図鑑である。蝶の画像が3DCGで作られている。マウスを蝶に当てて回して見ることができる。もちろん拡大と縮小もできる。印刷媒体では持ち運びが重たい図鑑をパソコンの画面を通じて立体的にものを見ることができる。東京都千代田区立千代田図書館では二〇一四年に電子絵本の貸出も開始した[27]。

しかし、日本の公立図書館で電子書籍導入の課題は数多くある。「電子書籍は紙の本と違ってアクセスすれば多くの人が同時に見ることができて困る」と言う人がいるが、一つの電子書籍に対して借りることができるのは一人である。仮に予約する人が多くて増やしたい場合は、電子書籍も紙の本と同じように同じ本を買い足すのである。貸出期間が過ぎたらデータは抹消される。つまり自動的に返却されたことになり、閲覧することができなくなる。延滞の心配もないのである。ほかにも課題はあるが、ここではタイトル数と費用について記す。

二〇一〇年もしくは一二年に電子書籍元年といわれたことがある。いわれたわりには日本では電子書籍が少ない。そのため、図書館向けの電子書籍のタイトル数もまだ少なく、電子書籍を見ることができる図書館も少ない。海外では OverDrive の電子図書館システムは四千社・二百万タイトルを四十五カ国三万館以上にサービス提供している。アメリカで九〇％、イギリスでは八〇％の公共図書館へ導入済みである[28]。

費用は電子図書館を導入する図書館が増えれば、いまよりはかからないかもしれない。また図書館システムとの連携の有無によって費用は違ってくる。連携版は、検索をしたときに紙の本と電子書籍が同時に表示される。非連携では図書館ウェブサイトからログインし電子書籍だけ検索する。連携版のほうが費用はかかる。初期導入費、月額利用料のほかに電子書籍を買う費用がかかる。よく業者の話を聞いたほうがいい。

4―11 ボーン・デジタル

ボーン・デジタルについてはできるかぎり集める対象にしていくべきである。今後、増えるだろうボーン・デジタルに対して図書館側のスタンスを明確にしていくべきである。ボーン・デジタルとは、「初めからデジタルデータとして作成されたコンテンツである。古文書、書籍、絵画、写真、レコード、フィルムといった物理的実体を伴うアナログの素材をデジタル化したデータではなく、作成された時点ですでにデジタルデータとなっている文書、画像、音楽、動画などのコンテンツ(29)」をいう。図書館を利用した人の創造物がボーン・デジタルの場合がある。デジタルデータをどのように受け取り整理していくのか考えることは今後重要だと思う。市販されているものだけを考えてはいけないのである。

いまはまだ本など物理的実体を伴うアナログの素材をデジタル化したデータが主流である。紙であるものを電子化して発行する。価格は電子のほうが若干安いか、場合によっては電子のほうが高くなっている。データの形式はPDFが一般的になっている。今後、時期がたてばそもそも物理的実体は最初から発行されないデジタルだけというものが必ず出てくる。デジタルだから、紙などの物理的実体があるものでは表現できないものも作られるだろう。そんなとき、「図書館は物理的実体があるものしか買いません」と言い切っていいのだろうか。

ボーン・デジタルといっても、データの形式がＰＤＦではしょせん紙のイメージから抜けていない。データの形式はＰＤＦではなく、違うものになっていくだろう。紙では表現できないものが誕生し、月日がたてばＰＤＦのように一般的になるだろう。読み進めると途中で動画が出る。掲載されている図をタッチすると立体的に拡大表示される、など。

ボーン・デジタルの対象になるものの一つに家庭医学や救急療法があると予想する。応急手当関係講習会に普段から参加していれば、自宅で出血を伴うけががあっても動じない。とはいっても、応急手当関係講習会に意識して参加している人は少ないだろう。家で発生する可能性がある病気とけがについて、動画や立体的な人体模型で対応策がわかる本ができるのではないだろうか。出血が多いとき、どこを押さえるとどのようになるのか、疑似体験できるようになっている。出血多量の場合、体がどのようになるのか体験ができるものである。それぞれの処置について医者が解説をする。「ここを押さえるのは意味がない」とか「よくできました」などコメントもつく。単なる動画とは違う。

4―12　電子雑誌

電子版の雑誌が発売されているものは紙から電子版に買い替えたほうがいい。電子版のほうがメリットは多い。ここではあえて電子雑誌と呼ぶ。従来、図書館業界では電子ジャーナルと呼んでいる。主に学術雑誌のことをいう。ここで述べる電子雑誌は、「週刊ダイヤモンド」(ダイヤモンド社)や「週刊サッカーダイジェスト」(日本スポーツ企画出版社)などの公立図書館で一般的に置いてあるものである。

購入価格は紙媒体のものより電子版のほうが安い。安くなっていないものは今後、時間がたてば安くなる可能性はある。前述の「週刊ダイヤモンド」は紙媒体では一冊七百十円(税込み)、電子版では六百九十円である。「週刊サッカーダイジェスト」は紙媒体、電子版ともに一冊四百八十円(税込み)である。

電子版のほうが読みやすい。すべての雑誌に共通するわけではないが、拡大と縮小ができる。拡大して見ようと思えばできる。年齢を重ねると視力は落ちる。文字が小さくて読みにくいため老眼鏡や虫メガネを使うことがある。老眼鏡を使わなくてもクリックするだけで文字を大きくすることができる。また、キーワード検索ができる。あとで読み返すときに思い出しながらページをめくり時間がかかることはなくなる。キーワードを入力して検索することで関連する記事も拾うことができる。

図書館側のメリットとして、雑誌の受け入れの手間がなくなる。一般の書籍はラミネートフィルムをかけて図書館に納品されるが、雑誌は書店に売っているような状態で納品されるのが一般的である。それを図書館で来館者が手に取って利用してもいいように装備するのである。ぜひ一度、図書館に置いてある雑誌をじっくり見ていただきたい。背表紙を左にすると、バーコードを貼ってある。そのバーコードの上から透明なフィルムを貼って保護している。よく借りられている雑誌は汚れて破れ、傷む。だから雑誌にも本と同じように表紙と裏表紙に透明なフィルムコーティングをする。ページがはずれたりホチキスで手を切ったりしないように透明なフィルムを貼る。読者アンケートや応募はがきなどは使われないようにすべて切り取るか、フィルムを貼ってはずれないようにする。ＩＣタグ、磁気テープを貼ってある場所がわからないように貼る。ほかにも各図書館独自のルールに沿った細かい作業がある。買っている雑誌のタイトル数にもよるが一日に雑誌の納品が三十冊あると、来館者に提供できるまでにかなりの時間と人手がかかる。それも電子版が普及すれば受け入れはかなり省力化される。

現在、電子雑誌については電子書籍より議論が活発ではない。図書館には書籍だけではなく雑誌も置いてある。一般に売られている電子雑誌は図書館ではどのように扱っていくのか、購入方法から閲覧方法まで、あり方を検討することが必要である。

4―13　オーディオブック

図書館としてオーディオブックの提供を考えてみてはどうだろうか。ＣＤやカセットテープではなく、ダウンロード式のものである。オーディオブックとは本の朗読を録音したものである。音楽を聞くように耳で本を読むことができる。プロのナレーターや声優が朗読しているものが多い。文字を読んで内容を理解するのではなく、耳で聞いて内容を理解することができるのである。耳から想像するのである。たとえば、岩崎夏海『もし高校野球の女子マネージャーがドラッカーの『マネジメント』を読んだら』[30]、小倉広『アルフレッド・アドラー 人生に革命が起きる百の言葉』[31]がオーディオブックとして一般に販売されている。ベストセラーになった小説、ビジネス書など、特定のジャンルに偏ることもなく、また、過去の作品だけではなく最近に出版されたものも売られている。

図書館によっては新潮社から出ている「新潮カセットブック」や「新潮CD」をもっている。これはカセットテープやCDに朗読されたものが録音されている。カセットプレーヤー、CDプレーヤーに入れて聞くことができる。この二つのプレーヤーを使って何かを聞いている人を最近は見かけなくなった。筆者の印象としては電車やバスのなかでスマートフォンやデジタルオーディオプレーヤーを操作している人が多い。CDを買って音楽をプレーヤーに入れて聞くよりもダウンロードする人が増えてきている現在、インターネットにアクセスしてダウンロードするオーディオブックもはやるのではないだろうか。

筆者は朝の通勤時は満員電車に乗っている。本を開いて読むことができなくなる。そんなとき、オーディオブックがあればイヤホンを耳に入れているだけでいいのである。さらに、筆者は遠くに出かける際に移動時間が長いときは本を持っていくが、バスに乗っているときに下を向いて本を読むと酔う。このようなときに代替としてオーディオブックが有効だと思う。視覚障害者に対して最近の書籍を音声という形で提供できるという利点もある。

図書館で提供するオーディオブックのタイトル数の確保と提供方法は今後考えていく必要がある。

タイトル数は電子書籍と同様に重要である。数がなければ話にならない。図書館側と出版社でよく話をしたほうがいい。出版社としては収益確保ができなければ話にならない。印刷媒体の価格より若干上乗せした価格で図書館側が買ってはどうだろうか。提供方法は電子書籍と同様になるだろう。貸出期間が終われば自動的に消える。一つのタイトルに一アクセスにする。問題が解決していけば、ダウンロード型オーディオブックも図書館で提供する一つのコンテンツになるだろう。

4―14　DVDの品揃え

DVDの品揃えはレンタルショップとは異なるようにしたほうがいい。わざわざレンタルショップに大量に陳列されているものを図書館で購入する必要はあるだろうか。図書館では同一タイトルのものをレンタルショップのように大量に購入しない。一点だけであることが多い。予約多数の場合でも二点程度しか買わない。レンタルショップでは買わない、もしくは買っていても四隅に置かれていて借りられないようなものこそ、図書館が買って、本や雑誌と組み合わせて来館者に示したほうがいいのではないだろうか。購入価格と効果を考えると図書館独自のものを買ったほうがいい。とはいうものの、自治体内にレンタルショップがない場合は、住民の利便を考え、レンタルショップと同じようなものを購入することに異論はない。

DVDの購入価格について述べる。図書館では一年間にどれだけのDVDを購入しているのかご存じだろうか。筆者は年間百点以上購入している図書館と五十点程度購入している図書館で働いたことがある。小さな図書館では年間五十点しか買えないのである。予算は五十万円である。図書館で購入しているＤＶＤは図書館で利用するための補償金が加算されている。市販されているものより高価であることが多い。本木雅弘主演の映画ＤＶＤ『おくりびと』[32]は、参考価格として市販されているものは四千百四円（税込み）である。この作品を図書館で買うとする。館内で来館者が視聴でき、本と同じように借りることができるものは一万二千円（税抜き）である。館内で視聴ができ、借りることができて、図書館で非営利の上映ができるものになると二万五千円（税抜き）となる。

人気の映画を買うとすぐに予約が入る。予約している人が五十人で同一自治体内で二点しか買えないとなると、順番が回ってくるまでにかなりの時間がかかる。いろいろな人が借りているうちに盤面に傷がつく。画像が乱れることや、再生できなくなることもある。あえて、映画やドラマを買うのではなく実用的なもの歴史もの、芸術関係のものを買う。実用的なものとしてはビジネスマナー、介護術、地震対策などである。ビジネスマナーの本と合わせてＤＶＤがあれば、具体的な所作や対応手順が視覚的にわかると思う。介護の本は高齢化社会の到来を控えて大きな需要がある。本に書いてあるイラストではわかりにくい場合がある。映像として衣服着脱や入浴の介助、緊急時のときの基本的なことがわかる媒体があるといいのではないか。

また、図書館として創業や起業の支援、仕事に役立つものに特化した方向をめざしているのなら本と雑誌だけを充実させるのではなく、ＤＶＤも同じように特化したものを買っていくべきである。一つのテーマについて本・雑誌・ＤＶＤなどから多角的に知ることができたほうがいい。

わざわざ高いお金を出して数点しか買えない一時的な人気のＤＶＤなどを買っても、あまり意味がないのではないだろうか。

4―15　データベースの充実と利用講習会

データベースの充実と利用促進のための講習会を図書館でもおこなうべきである。大学図書館に比べ公立図書館は契約しているデータベースが少なすぎる。図書館の規模によっては一タイトルだけのところもある。筆者が経験した自治体では来館者が十五のデータベースを閲覧できた。しかもプリントアウトもできた。だがせっかくのデータベースも利用が少なければ予算の削減の対象になりやすい。大学図書館のように講習会をおこない利用促進に努める必要がある。

データベースは便利である。過去の新聞記事を探したいときには、紙媒体の新聞縮刷版よりは新聞記事検索データベースを使って検索したほうが、すみやかに探すことができる。それに、図書館が地元に関する新聞記事を地域情報として蓄積したいときにも効果的に収集ができる。さまざまな辞典や辞書を横断検索して一つの言葉を多角的に知るにも、データベースを利用したほうが便利である。データベースによっては五種類以上の辞典類から一括で検索ができるのである。文章を書くときに役立つものが多く、想像と創造の手助けになる。

ところが、オンラインデータベースの維持費はそれなりにかかる。ある新聞記事検索がおこなえるデータベースは、一アクセス、年間三十一万二千円（税抜き）である。別のデータベースは年間利用料金は十二万円（税抜き）である。年間の利用が少なければ、自治体の財政課から図書館全体の予算削減を求められたときに狙われ、契約を切られやすいところである。利用の実績が必要である。利用者を増やすための方策は三点あると考える。契約しているオンラインデータベースに需要があるのか再考すること。図書館員が使いこなせること。来館者に対して講習会をおこなうことである。

オンラインデータベースの需要再考については、来館者層を分析する必要がある。新聞が長時間占有されたり、新聞記事について問い合わせが多いなら新聞記事検索ができるデータベースを契約したほうがいい。主要な新聞社はデータベースを提供しているため、どの新聞にするかも需要の把握が必要である。

来館者に対して利用促進の講習をおこなうためにはまず、図書館員がデータベースを使いこなせなければならない。各新聞記事データベースの特徴や違いを知っていたほうがいい。検索する文言の選び方と収録開始年については注意が必要である。オリンピックに関する記事を検索したいとする。オリンピックと入れるだけでいいだろうか。新聞では「五輪」とする場合もある。表記や用語が新聞によって違う。収録開始年は最近は過去の記事も見られるようになりつつあるが、新聞によって差が出ている。一九九二年から収録しているものがあれば、八六年から収録しているものもある。文字だけ表示されるもの、紙面としてＰＤＦなどで見ることができるものがある。業者を呼んで最新の状況を確認することが必要である。

利用促進のための講習会は難しくしないことが大切である。大学図書館でおこなわれているものをそのままおこなっても人は集まらない。というのも、学生のようにレポートを作る目的ではないからである。実生活に役立つ使用例を示さなければならない。できるだけ簡潔に、いっそのこと、くだらないことを調べたいときに使ってもらうくらいの気持ちがいい。自分の誕生日と同じ誕生日の有名人を調べる。自分が生まれたときに起きた出来事を新聞記事検索ができるデータベースで調べる。ある企業の給与を調べたい。いろいろあると思う。難しいことを調べるためにデータベースを利用するというよりは、気軽な感覚で検索できることを強調したほうがいい。

4-16　図書館員が使っている情報源

図書館員が来館者からの問い合わせに対して答えるルートと使用しているツールを紹介していくべきである。図書館員は本に限らずインターネット上にある情報源、契約しているデータベースを駆使して回答している。それを図書館員だけのものにしないで来館者にも紹介しよう。来館者が自力で調べることができるかもしれない。自分である程度調べることができるようになれば、その人の情報活用能力がアップする。図書館利用者の想像力と創造力が高まる。

図書館によってはパスファインダーを作成・提供していることもある。パスファインダーとは「利用者に対して、特定の主題に関する各種情報資源や探索方法を紹介・提供する初歩的なツール」[33]である。図書館の入り口や図書館のウェブサイトに公開されているものがある。県立図書館などの大型図書館ではたくさん作成している。蔵書数が少ない図書館でもこれからは備えておきたいものだ。ところが、単なる特定テーマの文献のリストだけになっているものがある。A4サイズの用紙が二枚以上になり紹介している分量が多く、どれを見ていいのかわからないものもある。

込み入ったものではなく探し方を概観できるものも必要である。たとえば、大串夏身は『チャート式情報アクセスガイド』[34]を出している。これはテーマごとにチャート図が示されていて、情報探索ルートがわかる。情報源の検索方法を紹介している。言葉の意味、一般的な事実の調べ方、地価の調べ方などがある。ここに記されているチャート図を著者の許諾をとったうえで印刷し、関係する本棚に貼ってみてはどうだろうか。来館者自身がどのような手順で調べればいいのかわかる。

探し方の手順と本、インターネット情報源を上手に配置したものを作成してみてはどうだろうか。人材派遣の業界動向については、人材サービス会社のランキング、前年比伸び率、決算期を知りたい場合は『日経MJトレンド情報源』(日経流通新聞)が、信用調査会社が記した業界動向は「TDB業界動向」(帝国データバンク)がある。人材派遣業界の最新動向を知りたい場合は「月刊人材ビジネス」(オピニオン)がある。これらが単純にA4サイズの用紙に記されているだけではイメージがつきにくい。それぞれの本と関係するほかの本、インターネット情報源、探し方を記していけば、来館者自身が探してみようと思うのではないだろうか。

4―17　いまの地域の写真撮影

これからの図書館員はカメラを持って地域に出て、図書館周辺の風景も収集してはどうだろうか。現在の図書館周辺の様子を写真撮影し蓄積していくのである。集めた写真に緯度・経度などの情報をつけて、来館者が見たいと申し出たら館内で見ることができるようにする。昔の写真については展示のために集めることはある。現在の様子はいま、誰かが意図して撮らなければ二十年後に振り返りたいときに苦労する。大震災や大規模開発によって街並みは大きく変わる。当時を知るすべとして写真は有効である。

自治体によっては広報課が自治体内の様子を撮影している可能性がある。撮影していないよりはいいが、撮影頻度はどうだろうか。一つの場所で年に一回あればいいほうではないだろうか。これでは少ない。一つの場所を一カ月に一度の間隔で撮ることによって微妙な変化がわかる。町内会や自治会と仲良くしていれば趣旨を伝えやすい。「図書館では写真を集めているのか」と理解を得られる可能性がある。図書館は近所の住民が利用する割合が高い。撮影しているときに「あっ、図書館の人だ」とその様子を見た人がわかってもらえることが重要である。不審人物と間違われることはなく、図書館員が図書館の外でも仕事をしていることを示すことができる。

道路を新しく作るとき、区画整理で立ち退きがあるとき、田んぼが駐車場になり、アパートか商業施設になったときなどは、街が変わるときである。その変化の境目を、地域にある公共施設である図書館が記録のために写真を撮影することは、なんらおかしくないと考える。

特に地域の祭りは、図書館員はぜひ参加して主催者に許諾をとって撮影したほうがいい。祭りの規模によるが、人手が少ないところでは主催者が記録のために撮影をすることが抜けている場合がある。撮影担当者が不在の場合がある。神輿を担ぐことや進行に目がいきがちになる。筆者の経験では、図書館の近くの神社でおこなわれている祭りの様子を知りたいと思ったら二十年前の動画と数年前の写真だけしかなく、直近のものはなかったのである。腕章をつけて撮影して、後日、主催者に写真データを渡すと喜ばれる。図書館は地域情報として写真にデータをつけて保存する。来館者が見たいと申し出たら館内で見ることができるようにする。

写真撮影は大きく三点に注意しながらおこなわなければならない。一点目、無断で撮影しない。趣旨を丁寧に伝え、理解が得られたものを撮影する。二点目、なるべく人が判明しないように撮影する。誰かわからないように角度を意識する。これはあとで写真を見にきた来館者に対してだけではなく、展示に使用するときに見せても問題がないようにするためである。三点目、権利関係の確認である。図書館来館者が見たいと申し出たときに見せてもいいのか否か。図書館で写真集を出版するときに権利関係はクリアになっているか。人によっては「勝手に出版物に使用された」と思う。あとあとトラブルにならないように、事前に確認できることはおこないたい。何十年の写真の蓄積があれば、郷土出版社が出版している「目で見る百年シリーズ」や「保存版・今昔シリーズ」のようなものを図書館で出版できるかもしれない。図書館で街の写真集を出版できる日がくるだろう。

4―18 想像と創造を誘発する本の並べ方

いままでの本の並び方をやめてみてはどうだろうか。いままでとは違う発想で本を棚に置く。日本の公共図書館は、NDC（日本十進分類法）をもとに、ある決まった番号が付与されて順番に本が並べられている。図書館で借りた本の背の部分を見てほしい。筆者の手元にいまあるのは岩波書店から出版されているウィリアム・ドイル『アンシャン・レジーム』(35)である。本の背の下部を見ると「235ド」と付与されている。235はフランスの歴史を表している。普段図書館を利用するときにこの番号を気にしているだろうか。

いくつかの図書館を使っていると、NDCが機能していないように感じる。ある図書館では日本史の分類は細かく小数点以下まで記していたりする。別の図書館に行くと日本の中世210.4を214というように三桁目のゼロを消して四桁目を繰り上げている。自治体の個性が出ているのは小説である。村上春樹の小説が913.6ムラ、J36ムラ、ムラだけなど、いろいろある。日本全国、すべて共通に付与されているわけではないのである。大原則のNDCはありながらも、それぞれ館独自のルールを作って付与している。したがって、NDCを意識して本を探していても、違う自治体の図書館に行ったら、地元の図書館のように本がすみやかに探せるとはかぎらないのである。慣れるまでよくわからない数字になるのである。

これまでの図書館は、ＮＤＣ（日本十進分類法）順で図書を並べてきたが、思い切ってＮＤＣの使用をやめて書架はおおまかなくくりだけにしてはどうだろうか。一般書と児童書も分けない。大きく次のような五つのカテゴリーを設けてはどうだろうか。

辞書辞典類：辞書、事典

世の中：宗教、哲学、政治、経済、法律、数学、天文

暮らし：心理学、医学、料理、ファッション、子育て、旅行、パソコン

歴史：日本史、世界史、各国史、地理、地域資料

芸術：芸術、デザイン、言語、文学、小説

「この棚に行けばあるだろう」となんとなく想像できるようにする。細かく分ける必要はないと思う。普段の生活になじみがあるようにくくりを考えればいいのではないだろうか。くくり方は図書館員の内輪の議論だけでも盛り上がるだろう。が、本を管理する側の理論だけではなく使う側の思いも反映すべきではないだろうか。

ちなみに、本にはすべてＩＣタグをつける。書架に反応するようにアンテナをつける。館内には携帯電話サイズの小型端末を複数置く。来館者は小型端末を持ちながら検索をおこなえば、探している棚が反応して点灯することで求めている資料にたどり着けるようにする。

4-19 左回りの法則

スーパーマーケットやコンビニエンスストアのように人の流れがスムーズにいくように本棚そのものを配置する。できれば来館者は館内に入ったら左回りに動けるように棚を置く。左回りは一般的になじみがある。人の動きに注目して棚の配置を考えるのである。

スーパーやコンビニに入ったら意識して商品棚を見てほしい。入り口から店内を一周すればたいていのものは手に取ることができる。たとえばスーパーでは野菜が陳列してある青果売り場がすぐ目に入る。青果売り場を過ぎると魚や刺身を陳列している鮮魚売り場がある。次は豚肉や牛肉を陳列している精肉売り場がある。精肉売り場の次はポテトサラダやたこ焼きなどが置いてある惣菜売り場がある。外周を一周すれば必要なものをカゴに入れることができ、あとはレジに行くだけである。チョコレートなどの菓子、しょうゆなどの調味料は店内の真ん中あたりの棚にある。これらはレジに行く前にカゴに入れればいいようになっている。コンビニは入ると新聞、雑誌が置いてある棚が近くにある。通り過ぎると店の奥にジュースや酒類が置いてある商品棚がある。隣は氷やアイスが置いてある棚で、通過すると弁当、総菜、おにぎり、サンドイッチが置いてある棚に行く。レジはすぐそこにある。こちらもカゴを持っていれば一通りのものは買える。文房具や化粧品は店内の中央の棚に陳列している。スーパーやコンビニではこうした棚の配置が一般的である。

以上のようにスーパーやコンビニの客の流れは左回り（反時計回り）になっていることが多い。店に入った客を左回りに一周させようという意識で売り場を作っている。業界では「左回りの法則」といっている。コンビニが左回りにこだわる理由は日本人の大半は右利きであるからである。右利きの人がものを手に取るのは右手が一般的である。進行方向の右手に商品があると手に取られやすいのである。(36) スーパーやコンビニ以外にも陸上競技で走る方向も左回り、野球で走者が走る方向も左回りである。日常生活には左回りがあふれている。これを図書館に生かすのである。図書館によっては、来館者による盗難や切り取りを防ぐために料理本や旅行ガイド本をカウンターの近くにあえて置いてあることがある。この二つは図書館でよく利用されるものである。いっそのこと、奥のほう、入り口からいちばん離れたところに置いてみてはどうだろうか。スーパーでは精肉売り場、コンビニエンスストアでは酒が置いてある棚である。そうすると、そこにたどり着くまでに左回りでファッション関係の本、子育て関係の本、医学関係の本を経由して、ようやく料理本が置いてある棚にたどり着く。来館者になんとなくそれぞれが関係しているように思わせる仕掛けにする。館内の案内図や分野ごとに数字がつけられている分類の案内は、入り口の右手側にあるべきである。案内を見て左回りに誘導する。検索する機械は入り口に置く。もしくは本のゾーンが大きく変わるところに配置する。検索結果を見たときに「いまは暮らしのゾーンで料理本が置いてあるところにいるから、次に探したいデザインの本は芸術のゾーンの二個目のゾーンに行けばいい」と、位置を確認できるようにする。日常生活になじみがある左回りを導入することで人の動きがきれいになる。

注

(1) 日外アソシエーツ編『明治大正人物事典I——政治・軍事・産業篇』日外アソシエーツ、二〇一一年、九八ページ

(2)「岩手県立図書館 イーハトーブ岩手電子図書館」(https://www.library.pref.iwate.jp/ihatov/index/sakuin.html)［アクセス二〇一四年十一月十八日］を参照。

(3)「神奈川県立川崎図書館 社史・技報・講演論文集検索」(http://www.klnet.pref.kanagawa.jp/kawasaki/search/cole.htm)［アクセス二〇一四年十一月十八日］を参照。

(4)「社史」「日本大百科全書（ニッポニカ）」「JapanKnowledge」(http://japanknowledge.com)［アクセス二〇一四年十一月十八日］を参照。

(5) 矢野経済研究所編『二〇一三年版 日本マーケットシェア事典』矢野経済研究所、二〇一三年

(6) 安形麻理「特別コレクション資料の利用者による撮影——日本の図書館における動向」「三田図書館・情報学会二〇一四年度研究大会」(http://www.mslis.jp/am2014yoko/05_agatamari_rev.pdf)［アクセス二〇一四年十一月十八日］を参照。日本の大学図書館では西洋古版本を所蔵すると考えられる図書館に限っても関連する記載がないところが多い。六割強には記載がない。二割以上の図書館は撮影禁止か撮影禁止だと推測でき、利用者による撮影を許可している図書館は十一館だった、という。

(7) 日本国際地図学会地図用語専門部会編集『地図学用語辞典 増補改訂版』技報堂出版、一九九八年、二一一ページ

(8) 山岡光治『地図の科学——なぜ昔の人は地球が楕円だとわかった？ 航空写真だけで地図をつくれないワケは!?』ソフトバンククリエイティブ、二〇一〇年、七〇—七五ページ

（9）山崎豊子『沈まぬ太陽 一』（「アフリカ篇」上）、新潮社、一九九九年
（10）山崎豊子『沈まぬ太陽 一』（「アフリカ篇 上」全三分冊、大活字文庫）、大活字、二〇一〇年
（11）日本図書館情報学会用語辞典編集委員会編『図書館情報学用語辞典 第三版』丸善、二〇〇七年、二〇四ページ
（12）同書二五一ページ
（13）日本皮膚悪性腫瘍学会編『科学的根拠に基づく皮膚悪性腫瘍診療ガイドライン――悪性黒色腫 有棘細胞癌 基底細胞癌 乳房外パジェット病』金原出版、二〇〇七年
（14）「国立がん研究センターがん対策情報センター 各種がんシリーズ」（http://ganjoho.jp/public/qa_links/brochure/cancer.html#prg7_1）［アクセス二〇一四年十一月十八日］を参照。
（15）気象庁編『気象業務はいま』研精堂印刷、二〇一四年
（16）「気象庁 特別警報――命を守るために知ってほしい」（http://www.jma.go.jp/jma/kishou/books/tokubetsukeihou/tokukei_leaf2.pdf）［アクセス二〇一四年十一月十八日］を参照。
（17）小山信弥／吉田倫子／吉井潤／上田晶子／安形輝「日本の大学図書館におけるマンガの所蔵状況」「三田図書館・情報学会二〇一二年度研究大会」（http://www.mslis.jp/am2012yoko/09_koyama.pdf）［アクセス二〇一四年十一月十八日］を参照。
（18）野村総合研究所オタク市場予測チーム『オタク市場の研究』東洋経済新報社、二〇〇五年、三ページ
（19）同書二ページ
（20）「「脱力」に宿る芸術の力 NYでおたくの起源たどる「リトルボーイ」展」「朝日新聞」二〇〇五年五月十六日付夕刊、四面

(21)「米ＮＹ・最優秀テーマ展、村上隆さん企画の「リトルボーイ」に」「朝日新聞」二〇〇六年二月二十八日付、二十七面

(22) 村上隆編著『リトルボーイ――爆発する日本のサブカルチャー・アート』ジャパン・ソサエティー、二〇〇五年

(23)「初音ミク」「現代用語の基礎知識」「JapanKnowledge」(http://japanknowledge.com)［アクセス二〇一四年十一月十八日］を参照。

(24)「国立国会図書館資料デジタル化の手引」(http://www.ndl.go.jp/jp/aboutus/digitization/guide.html)［アクセス二〇一四年十一月十八日］を参照。

(25)「福井県地域共同リポジトリ」(http://crf.flib.u-fukui.ac.jp/dspace/)［アクセス二〇一四年十一月十八日］を参照。

(26)「千代田 Web 図書館」(https://weblibrary-chiyoda.com/contents/contents_detail.php?contents_no=2099)［アクセス二〇一四年十一月十八日］を参照。

(27)「動くお話ワクワク電子絵本貸し出し 千代田図書館で七十六作品」「自治体情報誌 D-file」二〇一四年七月上号、イマジン出版、三二ページ。記事によると、『おおきなかぶ』(ＰＨＰ研究所、二〇一二年）など一、二歳向けから『はだかの王様』(ＰＨＰ研究所、二〇一三年）など五、六歳向けまでのタイトルがある。

(28)「世界ナンバーワン電子図書館システム「OverDrive」の実力」(http://internet.watch.impress.co.jp/docs/event/20140708_656827.html)［アクセス二〇一四年十一月十八日］を参照。

(29)「ボーンデジタル」「デジタル大辞泉」「JapanKnowledge」(http://japanknowledge.com)［アクセス二〇一四年十一月十八日］を参照。

(30) 岩崎夏海『もし高校野球の女子マネージャーがドラッカーの『マネジメント』を読んだら』ダイヤモンド社、二〇〇九年
(31) 小倉広『アルフレッド・アドラー 人生に革命が起きる百の言葉』ダイヤモンド社、二〇一四年
(32) DVD『おくりびと』監督：滝田洋二郎、セディックインターナショナル、二〇〇九年
(33) 日本図書館情報学会用語辞典編集委員会編『図書館情報学用語辞典 第四版』丸善出版、二〇一三年、一九九ページ
(34) 大串夏身『チャート式情報アクセスガイド』青弓社、二〇〇六年
(35) ウィリアム・ドイル『アンシャン・レジーム』福井憲彦訳（ヨーロッパ史入門）、岩波書店、二〇〇四年
(36) 漆原直行『なぜ毎日コンビニで買ってしまうのか？』毎日コミュニケーションズ、二〇〇八年、四〇―四六ページ

第5章

提供するサービス

5―1 海外発のサービスの輸入

海外発の新規サービスのなかで日本も取り入れたほうがいいものは、取捨選択して取り入れるべきである。海外でうまくいっているからといってそれがそのまま日本でも上手に展開ができるとはかぎらないが、そのまま、まねをすることができるものもある。日本風に一部をアレンジしたほうがいいものもある。図書館員は業界の動向を日本国内にとどまらず、他国にも関心をもって見ていくべきである。その成功している事例について日本に導入してみたらどうなのか、想像してみることが大事である。今回はビジネス支援サービスとぬいぐるみのお泊まり会を取り上げる。

日本の図書館のなかにはビジネス支援サービスを実施しているところがある。これは文字どおり公立図書館がビジネスを支援する。仕事をしている人、仕事を探している人、起業しようとしている人、スキルアップしようとしている人に対して支援をおこなっている。図書館によってはものづくりに力を入れているところもある。中小企業診断士を図書館に呼んで相談会をおこなっているところもある。ビジネス支援サービスは、全国アンケートによると二〇一一年の時点で二百八館が実施している。(1) 図書館サービスとして日本に定着しつつあると考えていい。

ビジネス支援サービスはもともとはアメリカでおこなわれていたものである。(2) 百年以上の歴史がある。二〇〇〇年十二月にビジネス支援図書館推進協議会が日本で設立された。推進協議会は、図書館がもつ情報蓄積をベースに、ウェブサイトやデータベースなどを装備してＩＴ化を図り、これを運用する司書を養成して、図書館に創業とビジネスを支援する機能を付加したビジネス支援図書館が全国に生まれるように支援することを目的として設立されたものである。ジャーナリストである菅谷明子がニューヨーク公共図書館のＳＩＢＬ（Science,Industry and Business Library）のビジネス支援サービスを紹介している『未来をつくる図書館』[3]はいまでも参考になる。以後、それぞれの地域の実情に応じて図書館がサービスの一つとして取り組んでいくようになった。

ぬいぐるみのお泊まり会もアメリカでおこなわれているものである。二〇一〇年八月に国立国会図書館の「カレントアウェアネス・ポータル」に行事の概要が紹介された[4]。この行事は以下のようなものである。子どもたちはお気に入りのぬいぐるみを持って図書館に行く。ぬいぐるみと一緒におはなし会に参加したあとにぬいぐるみを図書館に寝かしつけて家に帰る。閉館後、ぬいぐるみが図書館内で本を読んだり、普段は入れないところに入ったり、図書館員の仕事体験をしている様子を図書館員が写真撮影する。子どもたちがぬいぐるみを迎えにきたときに一緒に撮影した写真を渡し、ぬいぐるみが図書館でおこなっていたことも伝える。本も一緒に勧める。一〇年十二月に宝塚市立西図書館でぬいぐるみのお泊まり会が実施され[5]、以後、日本でもおこなわれるようになった。筆者も当時から関心はあった。ただ、そのまま同じようなことをしてもおもしろくはないと思って実施しなかった。一三年四月に筆者は江戸川区立篠崎図書館と篠崎子ども図書館の館長として着任した。篠崎子ども図書館は子どもが探究し学べる施設というコンセプトで計画され、一階に子ども図書館、二階に身の回りの不思議なことや調べたいことなどの学び活動や探究活動をする基地としてのアカデミーがある。このアカデミーには学校の理科室のような部屋、図工室のような部屋がある。設備や機器を見たとき、ほかの図書館ではできない篠崎子ども図書館独自のぬいぐるみのお泊まり会ができるのではないかと考えた。アカデミーがもっている顕微鏡、大工道具、天体望遠鏡を使い、それぞれ関係する本を用いて、ぬいぐるみ、道具、本がそれぞれ結び付くようにした。[6]ぬいぐるみを返すときに「このクマは顕微鏡でチリメンを見たよ。そのときにクマくんはこの本を読んで勉強したんだよ」と本も一緒に勧めた。なお、ぬいぐるみのお泊まり会[7]は一四年八月に『ぬいぐるみおとまりかい』(風木一人著、岡田千晶イラスト)として岩崎書店から出版された。図書館のモデルは篠崎子ども図書館である。

職場内での情報だけではなく、他館や他館種、他業界の人から情報を入手することが大切である。特に海外の事例は外とのつながりから情報を得られることが多い。まずは外部の人の話を聞くところから始まる。

5—2 日本オリジナルのサービス

日本でおこなわれているサービスが海外の図書館にも導入される、そんなサービスを創出したい。イメージとしては、外国人が日本に観光に来て自動販売機やトイレのウォシュレットに驚くようなことと同じレベルである。

日本の図書館でおこなわれている「○○支援」や「○○サービス」といわれているサービスは、海外でおこなわれているものを日本に置き換えて取り組んでいることが多い。海外のいい事例を状況に応じて受容することは、サービスの水準を高めるためにいいことだと考える。新たな来館者獲得になる。反対に、日本でおこなっているサービスが海外の図書館員によって取り入れられることがあってもいいのではないだろうか。他国に自慢できる、質の高いサービスを提供しているということである。

日本独自の図書館サービスとはなんだろうか。少し考えてみよう。私たちが日常の業務のなかで当然のこととしてこなしていることが、実は海外の図書館員からすると驚くべきものだったりすることもあるのではないだろうか。

逆輸入というパターンもあるだろう。海外の事例を日本の図書館員が日本風に置き換えて取り組んでいるとする。さらにそれを海外の図書館員が自国に取り入れるということである。

日本の図書館員がさまざまな道具を使って情報発信することが重要である。いまではインターネットで世界中から情報を入手することができる。たとえば「Facebook」「Twitter」など世界中で利用されているSNSを使えば、たまたま見る人、特定のことを探している人に発見される可能性がある。いまのところ動画では「YouTube」、写真では「Flickr」と「Instagram」が世界中で利用されている。もちろん、簡易な説明文やタグは英語もしくは英単語でなければ理解されない。

5―3　自然体験プログラム

自然を身近に感じるプログラムを図書館でもおこなう。一例として、子どもから大人まで一緒に楽しめるネイチャーゲームを図書館でおこなう。ネイチャーゲームとは、シェアリングネイチャーの考え方に基づく活動である。シェアリングネイチャーとは、「直接的な自然体験を通して自分を自然の一部と捉え、生きることのよろこびと自然から得た感動を共有することによって、自らの行動を内側から変化させ、心豊かな生活を送る」[8]という考え方である。『ネイチャーゲーム』では具体的な例が示されている。カルタ取りのように樹木の見分け方を覚えるゲームは図書館の敷地内や近所にある樹木を使ってできるだろう。[9]自然体験プログラムを図書館でおこなうのは生物多様性を広く知ってもらうためである。生物多様性とは、「遺伝子・生物種・生態系それぞれのレベルで多様な生物が存在していること」[10]である。我々人間は生態系の一つである。人間による環境破壊、資源の乱獲はほかの生物の減少や絶滅を招く。自然の恵みを得ることができなくなる。倍返しとなって我々人間に襲いかかってくる。環境問題は世界規模であり、政府も生物多様性を意識するようになった。自治体レベルでも最近努力義務として求められるようになり、取り組むようになってきた。

それにもかかわらず、生物多様性という言葉は社会一般的に知られていない。二〇一四年九月二十日、内閣府が「環境問題に関する世論調査」[11]を発表した。世論調査によると生物多様性という言葉を「聞いたこともない」とした回答が五二・四%、「言葉の意味を知っている」と答えた者の割合が一六・七%となった。三十代と七十代以上が「聞いたこともない」と答えた割合が高かった。[12]

図書館には本や雑誌、生き物のＤＶＤなどがある。それらを展示し普及・啓発することも可能だろう。筆者は勤務している図書館で生物多様性を意識した行事をおこなったこともある。たとえば、ＮＨＫの『プロジェクトＸ』にも出演したことがある釧路国際ウェットランドセンター主任技術委員・新庄久志氏を招いてマリモの生態や釧路湿原の様子について豊富な写真を交えて話をしてもらった。[13]肉食爬虫類研究所代表・富田京一氏を招いて恐竜について話をしてもらった[14]こともある。著名人を招いた講演会はそれなりの費用がかかる。継続的に生物多様性を知ってもらうためには、経費がほとんどかからないプログラムをおこなうことが必要である。図書館にある図鑑を片手に図書館周辺にある生物を観察することや触れることができる。

自然体験プログラムをおこない身近な生物を知ることで、生物多様性とは何かを知ってもらう、考えてもらうきっかけができるのではないだろうか。

たとえば、外を歩くとコオロギの鳴き声を聞く季節になったとする。コオロギは昔から日本人に親しまれている身近な昆虫である。ところが、種類や生態についてはまだわかっていないこともある。図鑑を持ってコオロギを実際に観察することで、身近な昆虫に対して理解を深めるプログラムを実施する。まず、図書館の外に出て、敷いたブルーシート上に仰向けになって空の様子や聞こえる音を体感する。感じたイメージをワークシートに記入する。次にコオロギの鳴き声に意識を向けてみんなで鳴き声を聞いてみる。聞いたものをワークシートに書く。聞こえ方が人によって違うことを互いに知る。そのときエンマコオロギがいれば、鳴き声を聞き分ける。本鳴き、脅し鳴き、誘い鳴きである。いない場合は図書館にあるCDで代用する。鳴く仕組みは図書館に置いてある本を使って紹介する。飼育に興味をもったら注意点や記録の仕方を助言する。

もし、周辺に自然がなければ近くの公園を利用したい。どのような樹木があって、葉っぱはどのような形をしているのかを図鑑で見るだけでも十分である。自然体験プログラムは費用をほとんどかけないで気軽におこなえる。地球にはどのような生き物がいるのか想像させるプログラムが今後必要だと考える。

5―4 高齢者が地域貢献をしたいと思うプログラム

六十五歳以上の高齢者が住んでいる地域社会に対して、高齢者自身が何かしたいと思うプログラムを図書館で提供する。これからは高齢者人口の割合が高くなる。四人に一人が高齢者になる。二〇一四年五月一日時点の六十五歳以上人口は三千二百五十七万三千人となり、前年同月に比べ百八万三千人増加している。(15) 十五歳から六十四歳の人口は七千八百二十二万六千人となり、前年同月に比べ百十二万九千人減少している。(16) 定年退職した人がそのまま自宅でとどまるよりは、地域社会に出ていままでの経験を生かしてもらったほうが、その人自身にも、社会にとってもいいことである。そうはいっても会社一筋で過ごしてきた中高年男性が定年後に地域デビュー(17)するのは無理である。

身近な地域の施設である図書館でプログラムを提供するのがいいと考える。

一週間に一回の割合で図書館でプログラムを開催する。半年で十五回とする。たとえば水曜日の十四時から十六時までと固定するのである。毎日、図書館に行く人もいるが、一般的に図書館で借りた本を返すことを考えると一週間に一回の頻度がちょうどいいのである。一週間に何度も集まるようになると、ほかの予定が入って休まないといけない可能性が出てくる。一回休むと話についていけなくなる。固定していれば予定の都合もつけやすい。集まれるように時間設定をする。決まった時間に同じような境遇の人が「何かしたい」と集まればそれなりの力になる。自分たちが住んでいる地域社会をよくするためにはそもそも何が問題なのか、課題なのかわからないことがある。そこで地域の実地調査と、その参加者が専門家の助言を得ながら問題解決のためにおこなうワークショップ[18]をおこなう。

実地調査は図書館周辺の自然が残されている場所や施設などに行く。たとえば、近くに山や川があればどのような樹木や動植物があるのか、どのような魚がいるのか、自然や環境について知る。近くに商店街があればシャッターが下りたままの店はどれくらいあるのか、活発なのか否かを知る。町工場があるならどのようなものを作っているのか、苦労していることは何かを知る。農作物を作っているなら農業の現状と課題を農家から聞く。ほかにも地域に目を向けるとネタは豊富にある。ワークショップは、実地調査で参加者が発見した課題をどのように解決していくのかを考えていくものである。図書館にはさまざまな分野の本がある。統計や図鑑は参考になる。企画書を作るときに参考になるフォーマットは本を見ればいい。

図書館はプログラムの企画と関係する本の紹介をおこなう。特に現地調査は図書館員が施設と講師を考える。講師予定者に企画の趣旨を理解してもらい、賛同を得るようにする。講師に丸投げではなく、当日の流れの確認や必要なものの手配をおこなう。ワークショップは参加者が実際に行動ができるように、図書館員はファシリテーター[19]として議論が活発になるように参加者の意見を巧みに引き出す人に徹する。そしてプログラム終了後、参加した高齢者たちが地域デビューして活動を始めたら、地域の活動を紹介できる掲示板に活動内容を紹介する。

5―5 観光とのつながり

図書館が設置されている場所が観光地なら、観光を盛り上げる取り組みをしたほうがいい。観光地でなければ、観光地となるような目玉を地域資料から探してみてはどうだろうか。外から人が来てお金を使ってもらえれば自治体の収入につながる。図書館が何か観光に協力していれば、自治体内部で予算配分をするときに図書館に有利にはたらく場合もある。もしかすると、長く滞在する観光客が図書館に新聞や雑誌を読みに寄るかもしれない。来館者が増えて図書館がにぎわう。

国は観光に力を入れようとしている。二〇〇六年に観光立国推進基本法が成立し、〇八年に観光庁を設置した。「広く観光客を呼び込み、地域の経済を潤し、ひいては住民にとって誇りと愛着の持てる、活気にあふれた地域社会を築いていくことが観光立国には不可欠[20]」と考えている。

二〇一三年の国民一人あたりの国内宿泊観光旅行の回数は一・四三回、宿泊数は二・三五泊だった。(21)宿泊回数は前年比五・九％増であり、宿泊数は前年比九・八％増となった。一三年の日帰り旅行は延べ二億千百五十五万人、宿泊旅行は延べ一億八千百九十一万人となり、一一年以降増加している。(22)大手旅行会社の一つであるＪＴＢのＪＴＢ宿泊データによれば一一年度のＪＴＢ宿泊券の販売額は二千三百四億円、延べ宿泊人数は千九百八十一万人だった。(23)ＪＴＢ宿泊券販売状況から出発別地域別に宿泊数を見ると、一一年度は関東からの宿泊人数が七百七十八万人、近畿からの宿泊四百二万人となった。(24)一一年度の出発地域別延べ宿泊人数を見ると上位三位は北海道へ二百二十七万五千人、沖縄へ百七十四万千人、東京へ百四十八万人となった。下位三位は茨城へ三万七千人、埼玉へ三万八千人、徳島へ六万三千人となった。(25)さらに関東と近畿から見ると次のようになった。関東からの上位は沖縄へ七十七万五千人、京都へ六十八万四千人、北海道へ六十六万四千人となった。一方、関東からの下位は福井と佐賀が一万四千人と同数だった。次いで、徳島へ一万八千人となった。(26)近畿からの上位は北海道と千葉が三十三万五千人と同数だった。次いで沖縄へ三十一万八千人となった。一方、下位は茨城へ一万人、埼玉へ二万人、秋田へ六万人となった。(27)

現状では観光客が集中するところと集中しないところの差がある。旅行需要を創出することが必要である。松本秀人によれば、「観光者が図書館において、地域に関する質問をしたりイベントに参加したりすると、図書館はそうした観光者の行動などを地域に還元することによって、観光者が知りたいと思っている事柄や関心の持たれ方などを地域で共有できる。それをふまえて、図書館の資料を充実させたり地域情報の発信を図書館経由で進めていけば、それによって観光者も地域文化をさらに理解しやすくなる」[28]という。

図書館によっては観光交換展示をおこなっている。二〇〇六年には、秋田県立図書館と奈良県立図書情報館で観光や歴史などの資料の交換展示をおこなった。秋田県立図書館では同時期に一階エントランスホールで奈良県の観光に関するポスター展も開催した。[29]筆者もかつて一一年十二月から翌年一月にかけて、市立釧路図書館、新宿区立角筈図書館、出水市立図書館の三館で交換展示を実施した。[30]図書、観光パンフレット、展示物を互いに交換して展示した。また、当時、筆者が勤務していた図書館はラーメン激戦区で有名だったので、ラーメンを一つのテーマにしてご当地ラーメンと関係本をそろえた合同展示もおこなった。こちらは市立釧路図書館、青森県八戸市の八戸市図書情報センター、喜多方市立図書館、新潟県三条市の三条市立図書館、新宿区立角筈図書館の五館でおこなった。[31]ラーメンに関係する専門書の利用が増えた。

観光課など観光に関係する部署と図書館が連携することによって、地元の観光活性化につながるかもしれない。他自治体の図書館と連携していれば図書館間で物の貸借ができる。観光とのつながりの可能性はいくらでもある。観光客が観光地に行くときの想像を豊かにできるのである。

5―6　本棚の貸出

図書館に設置されている本棚の一部を一定期間、貸し出す。本棚一段あたりの収納冊数は一般図書三十冊とし、そこの段全部である。五段になる場合もあれば、七段になる場合もあるだろう。図書館の近くに住んでいる人がいらなくなった本を処理したいときや、自分の宝物を自慢したい人が使うことを想定している。

図書館には「この本がいらなくなったので寄贈したい」と申し出る来館者がいる。特に引っ越しシーズンになると多い。筆者の経験では、カウンターにいるときに、なんの予告もなく突然台車で段ボール五箱分を持ってこられた人がいて対応に時間がかかったことがある。「あとの図書の扱いと処理につきましては図書館にお任せいただけますか？」と言ったところ、「わざわざたくさん持ってきたのに、その言い方はなんだ。いま、ここで引き取ってくれるものを選べ」と言われたこともある。本の寄贈に関しては、図書館側の都合と持ってきた人の都合が合致しないときにトラブルになりやすい。図書館側の都合としては、最近出版された図書、自治体にゆかりがあるものは需要があり受け入れる。しかし、古いもの、損傷が激しいもの、変色しているもの、内容的に利用が見込めないものは断ることが多い。一方、持ってきた人は、捨てたり古書店に持っていくよりは、図書館に引き取ってもらったほうが読む人がいて無駄にはならないだろうと考えている。

そこで、多くの本を寄贈したい場合は本棚の一部を二週間貸し出し、そこに本を置いてもらう。そこの本棚に置かれた本は来館者が自由に手にすることができ、無料で持って帰ることもできる。持ってきた人には本が持っていかれるようにポップや紹介文を作るなど工夫をしてもらう。二週間後、残った本があった場合は持ってきた人に引き取ってもらう。二週間置いて残っているものは、図書館の蔵書にしても借りられない、利用可能性がないと判断する。蔵書にするにしてもバーコードを貼ったりするのにお金がかかるのである。借りられない本に手間暇をかけることはできないからである。

もう一つの想定はプラスのイメージである。自分がもっている本を披露したい人がいる。サイン入りのもの。古本屋でもほとんど見ない貴重な古書。インターネット上で披露をしているものを見かける。リアルな場所で紹介してもいいのではないだろうか。図書館に来る人が見ればそれなりの反応があるだろう。一定期間、棚を貸し出して、自身の本のコレクションを来館者に紹介する。盗難防止のために所有者自身が棚の番をするのもよし、来館者に紹介するのもいいだろう。なお、盗難防止策は一般的に図書館で使われている仕組みを使う。

5—7 小学校教諭に対する支援

小学校教諭に対して教材研究の材料や児童の学習に役立つ本の紹介をおこなう。学校図書館だけではなく公立図書館も、小学校教諭に対して授業に役立つ資料を紹介し、児童の学習が深まるように取り組むべきである。

文部科学省が告示する教育課程の基準である小学校学習指導要領では二〇一一年度から国語、社会、算数、理科、体育の授業時数が六年間で約一割増加した。週あたりの授業時数が一、二年生で週二時間、三年生から六年生で週一時間増加した(32)。小学校教諭は中学や高校と違い、基本的に学級担任が全教科を児童に教える。小学校教諭は授業や教材研究、授業の準備だけをしているのではない。児童の学校生活が充実したものとなるように指導もしなければならない。小学校学習指導要領には、学校図書館の活用や公共図書館の活用が記されている。たとえば社会では指導計画の作成と内容の取り扱いの一つに「学校図書館や公共図書館、コンピューターなどを活用して、資料の収集・活用・整理などを行うようにすること」[33]とある。総合的な学習の時間では指導計画の作成と内容の取り扱いの一つに、「学校図書館の活用、ほかの学校との連携、公民館、図書館、博物館等の社会教育施設や社会教育関係団体等の各種団体との連携、地域の教材や学習環境の積極的な活用などの工夫を行うこと」[34]とある。とはいうものの、教員免許取得に必要な科目では、学校図書館と公立図書館の利用と活用についてはほとんどふれていない。社会などの教科に関する科目でちょっと知ることができる程度である。だから、そもそも本が図書館でどのように置かれているのかなど知らない。したがって、本の探し方がわからないから時間がかかる。現職の教諭はなかなか図書館で本を探す時間がない。図書館側が参考になるものを情報発信していくべきである。

教科書の単元ごとに図書館で関係する本をそろえ、リストを作る。具体的には、筆者の手元には東京書籍から出ている『新しい社会　6上』（二〇一一年）がある。開いていくと、室町時代を学ぶところでは「今に伝わる室町文化」とあり、京都の室町に幕府が置かれた頃の代表的な建造物や絵画などを取り上げる。北山文化、東山文化、書院造り、龍安寺、生け花、茶道などがある。このなかで、世界文化遺産に指定された龍安寺について児童が読んでも理解できる本を図書館員がリスト化する。龍安寺について記されて参考になる本を集めてリスト化するのである。調べたかぎり、二〇一四年十月時点でまるまる一冊が龍安寺について書かれたものはない。大石学監修『文化遺産学習事典』[35]には一四八ページに記されている。倉部きよたか『新版 修学旅行で行ってみたい日本の世界遺産二 京都の世界遺産』[36]では二〇ページに記されている。本を検索するときに単純に龍安寺と入れてはなかなか見つからないのである。どの本の何ページに記されているのか探して示すことは、図書館員だからできることである。

このような支援を図書館員ができるようになるためには二つのことが必要である。一つは学習指導要領を知っていること。もう一つは教科書を普段から読んでいることである。学校支援の担当者は学習指導要領を読んで、学校図書館や公立図書館が記されている個所くらいは知っておくべきである。あるとき学校支援担当の者と話すと、学習指導要領という言葉さえ知らないことがあった。学習指導要領は文部科学省が「学校教育法等に基づき、各学校で教育課程（カリキュラム）を編成する際の基準を定めたもの」[37]である。担当者は基本的なことは知っておいたほうがいい。教科書は図書館に置いてあるだろうか。自治体で採用している教科書を全学年全教科置いてないと、具体的にどのような内容を学んでいるのかわからない。わからないと図書館側で何ができるか考えることさえできない。一般的に図書館は学校から団体貸出の依頼があってから本を集めるようになるのである。もしくは経験的にこの時期にはお米の本とわかるだけである。図書館から動くためには学校ではどのようなことを学習するのか知っていなければならない。

5—8　図書館員の指名

来館者が本を借りるだけではなく、人も借りられるようになったら図書館利用の仕方も変わるだろう。ここでいう人とは図書館員のことである。図書館で働いている職員はなんらかの特技をもっている。語学が堪能だったり、パソコンなどの通信機器に長けていたり、特技とまではいわなくとも何か一つは趣味がある。図書館員一人ひとりの力を発揮できる機会があれば職員のモチベーション向上、利用者サービスの向上につながる。

一つの方法として、館内に図書館職員の特技や趣味などのプロフィールを貼り出す。一定の決まった時間に利用者の求めに応じて図書館員が対応する。対応の内容はさまざまである。来館者は図書館に対して親しみがわく。職員と来館者のやりとりが本の受け渡しや予約本の受け取りだけではもったいないのである。カウンターそのものが両者を隔てる一つの壁のように思える。この試みは、心理的な壁を取り除くきっかけにもなるのではないだろうか。

たとえば、語学の習得には時間がかかり、独学では思うように進まないこともある。また、貸出統計を見るとＣＤ付きの語学参考書の貸出が多い。「十八時から十九時の間、フランス語検定二級の館員の○○が無料でフランス語の学習のお手伝いをします」と掲示があれば、問い合わせがあるだろう。ほかには、昆虫が好きな図書館員がいたら子どもたちの夏休み期間中に一回三十分程度で、来館している子どもたちと一緒に敷地内にいるセミなどの虫をとって見せてあげる時間をもってもいいのではないだろうか。館内に戻ってきたら昆虫図鑑の本を開いて見せることで、子どもたちの生き物や本に対する意識は変わる。

対応する図書館員のメリットとしては勉強をし直すことができる。人に何かを教えるとき、理解があいまいでは心もとないため本などの資料を見直す。話の展開の仕方を考えるときは、自分自身が再確認していることになる。特に語学を教えるときは、話す順番が大事である。

双方のメリットとしては、互いに少しはわかり合えることである。図書館に限らず、サービス業では一般的に「いつも利用している○○さんはこんな感じ」というような漠然としたことを感じている。これは短時間の一瞬のやりとりだからである。たまに時間を割いた図書館員と来館者のコミュニケーションがあれば、日常的に発生しやすいトラブルは未然に防げるかもしれない。新たなサービスを考えるきっかけや、来館者の想像と創造につながる。

5—9 開館時間

開館時間の長さは図書館の設置場所を意識して設定する。分析しないで安易に開館時間を長く設定することは、費用対効果の面から避けたほうがいい。電車の駅から五分程度の場所に図書館があるところなら、遅くまで開館していても利用する来館者はいる。実際筆者は二十一時四十五分まで開館している都心の図書館に勤務したことがある。二十一時過ぎでも仕事帰りに予約してある本を借りにきている来館者は多かった。カウンターが混むことも多々あった。二十一時まで開館している地方の図書館にも勤務したことがある。図書館に行くための交通手段は車である。二十時を過ぎると来館者は数えるほどである。交通手段が車に限定されると、夜遅くまで開館しても図書館に行く人は限られる。

一時期、夜遅くまで開館することがサービスの向上につながるとして話題になったことがある。確かに、とりあえず開けていれば数人は利用する来館者はいる。だが、数人のために電気料金をどれだけ使うのが妥当なのか考えるべきである。仮に二十二時まで開館している場合、高校生が閉館まで勉強していてもいいのか、二十時になったら帰宅を促したほうがいいか、よく議論すべきである。夜遅くまで開館する場合、来館者がどれだけ図書館に来るのか想定・分析をしなければならない。一度、開館時間を延ばすと、簡単に元に戻すことはできなくなる。

筆者が不思議に思うのは、朝早く開館することに関しての議論が少ないことである。都市部のオフィス街にある図書館では朝八時から開館しても需要はあるのではないだろうか。こう考える理由は二〇一〇年頃から「朝活」といわれるものが注目されつつあるからである。朝活とは「始業前の朝の時間を、勉強や趣味などの活動に当てること」[38]である。朝に活動する人が増えれば、朝に図書館に行こうと思う人もそれなりにいるのではないだろうか。

二十一時四十五分に閉館した図書館は朝は九時に開館していた。それまでの時間は郵便ポストのような返却ポストが設置されていて本を投函できるようになっている。朝、八時三十分に出勤したときにポストの本を回収する。回収する本の量は百冊は超えている。深夜に図書館に投函している場合もあるが、朝、職場に向かう途中で投函に寄っていると考えたほうが自然である。早朝に図書館を開館していれば、自宅では購読していないほかの新聞を軽く読むことができる。本を返したついでに予約した本を借りることができる。高齢者は若い頃に比べて早寝早起きになる。仕事をしている人だけではなく、高齢者が散歩の寄り道の一つとして、図書館に入って新聞を読む可能性もある。高齢化社会といわれるなかで早朝に開館するのはいいことではないだろうか。

いつの日か、いっそのこと、マンガ喫茶やインターネットカフェのように二十四時間開館にすればいいと考える人がいるかもしれない。しかし、どのような人が深夜に図書館を利用するのか、ということを考えれば二十四時間開館は必要か、必要ではないかがわかると思う。マンガ喫茶やインターネットカフェと図書館では目的が異なる。

5—10 休館日

休館日の日数は来館者数の分析と施設の規模を考えてから設定する。一日の来館者が少ないところでは無理して休館日の日数を減らさなくてもいい。施設が図書館だけの単独館では、来館者は図書館を利用をするためだけに来館する。毎日、図書館に来る人はどれだけいるだろうか。来館傾向を見ていれば無理しなくてもいいのではないかと思うかもしれない。けれども複合施設の一つとして図書館が一区画にある場合は、相乗効果によってついでに図書館に行く人もいる。複合の場合は休館日の日数は少ないほうがいいだろう。一般的に図書館が閉まっている日数が少なければ、来館者にとっては利用がしやすくサービスの向上につながる。

筆者は、毎週特定の曜日が休館の図書館と、休館日は一カ月に一度の図書館を経験したことがある。両方を経験して考えることを以下に記す。

毎週、特定の曜日が休館になると利用できない来館者がいる。毎週月曜日を固定して図書館休館日にすると、理髪店で働いている多くの人は図書館に行く機会が限られる。理髪店は月曜日を定休日としているところが多いからだ。休みの日に図書館に行こうと思っても閉まっている。ほかの曜日でも業界によって定休日としているところがあるので、図書館を閉めている曜日と定休日が重なっている人は図書館に行きにくいのである。

そうなると、休館日の日数が少なければ業界の定休日と重なる確率は低くなり、図書館利用の可能性は高くなる。しかし、日数をほどほどにしなければ大変なこともある。二点例を示す。

一点目は、図書館で働いている職員のシフトづくりと職員間のコミュニケーションに気を使う。開館日数が多く、開館時間も長くなると限られた人数で日々の業務を運営することになる。シフトによっては、同じ職場で働いているのに三日間まったく会わない人も出てくる場合がある。行事や新しいサービスをおこなうときに伝達に差ができる。出勤したときに「えっ、聞いてない」となる場合もある。文字でノートなどに残せばいいと思っているかもしれないが、伝えたい側のニュアンスが伝わらない可能性がある。ほどほどに図書館の休館日があれば、その日は全員休み、もしくは全員出勤になってシフトは作りやすくなる。重要な伝達事項も一斉に伝えることができる。

二点目は工事や修繕である。空調工事など大規模なものは臨時に休館日を設けておこなう。簡易な工事や修繕が必要になったときに、休館日の日数が少ないと日程調整をおこなうのが大変である。翌日の開館までに完了しないことがあってはならない。開館中に作業員が作業をしているのはよくないことである。一年間に数回は図書館システムのサーバーメンテナンスがある。これは図書館の開館中にはおこなうことは困難である。メンテナンス中は図書館システムは使えない。けれども、仮に月一度しか休館日がない図書館では開館日にメンテナンスをおこなうことになる。そうなると、この日は下手をすると朝から夕方まで図書館システムを使えないのである。本を展示するため館内に置いてある場所のデータを変更しようと思っても、メンテナンスが終わるまでできない。図書館に必要がなくなった本を廃棄するために本を棚から出して、一時的に本のデータを変更しようと思ってもできないのである。この日は伝達事項を伝えるミーティングはおこなえるが、図書館システムを使わない作業しかできないことになる。深夜におこなうことも考えられるが、翌日の開館までに終了するかわからない。

休館日の日数は需要と供給を考えて設定したほうが、来館者にとっても働いている人にとっても優しいのである。安易に減らすことだけに意識を向けるのではなくバランスをとったほうがいい。

5―11　過去の報道を再考する展示

図書館だからできるものとして、過去の報道を来館者が振り返ることができる展示がある。図書館には本だけではなく新聞や雑誌が置いてある。新聞と雑誌は保存期限を決めて置いてある。新聞は縮刷版を購入していることもあればデータベースを契約している館もある。本についてはある事件の報道後、時間がたってから出版される場合がある。あのときの報道は適切だったのかと振り返ることは必要だと思う。普段からニュースや新聞記事に対して注意していればいい。とはいっても普段の生活のなかで気にかけている人はどれだけいるだろうか。しかも、時間がたてば終わったことになっていることがほとんどである。そんなとき、図書館員がある特定のことについて報道されたものを取り上げて館内に展示をおこなう。みんなで振り返るのである。

筆者がそう考えたのは、ときにマスコミは犯人探しや原因を作り上げようとしたり、特定のことだけに注目しようとしているように思うからである。以下に具体例を示しながら記す。

一九九四年の松本サリン事件は住宅街で化学兵器が使われたテロである。同時に無実の人を犯人に仕立て上げた冤罪事件である。また報道被害事件でもある。事件そのものについては新聞などを読んでほしい。松本サリン事件の犯人とされた河野義行氏の著書はたいていの図書館に置いてあるので読んでほしい。二十年近く前のことではある。しかし、この冤罪は忘れてはいけない。警察の捜査に問題があった。それを報じたマスメディアにも問題はあった。来館者が図書館にあるものを使って当時を振り返ってもいいのではないだろうか。

二〇一一年の福島第一原子力発電所事故は大きな事故である。当時の報道の仕方、報じられた内容を振り返る必要はある。当時は事故原因は何か、どこに責任があるのかマスコミがこぞって報じた。あまりにも甚大な事故だったため、報じられた内容について受け手はさまざまな感情をもった。特定の人物や組織が悪いと思った。あれから数年がたったいま、当時の新聞や雑誌を館内の一角に置いてみて、当時マスコミがどのように報じていて、我々は何を思ったのか、顧みてはどうだろうか。

外国のことを報じているニュースや番組を見ていると、ときに垂れ流しをしているのではないかと思うことがある。日本と違って外国では取材は難しい。当局や現地のメディアからの情報に頼りがちである。偏った報道しかしていないおそれがある。それをどのように受け取るのかは我々次第である。新聞の比較、読み比べができるのは図書館である。

犯罪と報道、報道被害については当事者にならなければあまり考えることはない。しかしながら、報道のあり方、報道についてどのように判断するのかということを考える機会はあるべきである。図書館には過去のことを振り返るための素材が十分にある。その素材を集めて提供することができるのである。

5―12　情報デザイン

提供するサービスの一つとして情報デザインを考えてみてはどうだろうか。情報デザインという言葉を聞くと、たいていの人はウェブサイトの見た目を美しくすること、案内表示をかっこよくすること、と思うだろう。それらに限らず、もっと広い概念である。簡単にいうと、世の中にある情報を整理して他人が理解しやすいようにする行為である。情報デザインの考え方や具体例は渡辺保史『情報デザイン入門』[39]が大変参考になる。図書館には多様なメディアがある。本、雑誌、新聞、CD、DVD、契約しているデータベースである。これらがそれぞれメディアごとに置かれている。本はNDC順に細かくカテゴリー化されている。さらに本は文庫は文庫の棚に、新書は新書の棚にあることが多い。雑誌は雑誌コーナー、CDはCDでクラシック、洋楽、邦楽など細かく分かれている。DVDはDVDの棚に置いてある。これではある特定のテーマで複数のメディアから探したいとき、不便ではないだろうか。図書館の情報デザインという視点から、二つの方法があると考える。

一点目はメディアごとに分けない。大きなテーマを設定し、関係する資料を置いていく。たとえばイルカのことについて探しているとする。棚に行けば粕谷俊雄『イルカ』[40]、児童書の水口博也『イルカ』[41]、雑誌では「月刊ダイバー」二〇一四年四月号のイルカ特集[42]、DVDではナショナルジオグラフィックプレミアムセレクションDVD『イルカ』[43]、CDでは『Healing Dolphin（ヒーリング・ドルフィン）』[44]が置いてある、という状態である。遊び心をもつとしたら、「なごり雪」で有名な歌手イルカのCDも置いてみる。図書館がもっているものに意味をつけてまとまりを作るのである。ただ課題としては、図書館でもっている本やCDなどのメディアの合計数が八万点を超えるとまとまりのある配置をすることが難しくなり、借りられたものを棚に戻す作業に時間がかかる。

二点目は博物館・美術館の音声ガイドと3Dメガネである。博物館・美術館に行くと、音声による展示解説を聞いている人を見る。たいてい有料である。それぞれが装置を使い他者には音が聞こえないように聞いて、観賞の世界に入っている。大型図書館ではメディアの垣根を超えた混配をするのは難しいため、従来どおり、本、CD、雑誌などメディアごとに分けて、さらに細分化して置くことになる。テーマごとに音声ガイドと3Dメガネのコンテンツを作成する。「森林に入ったときの感じ」「体の仕組み」「昭和三十年代」などである。ある棚に行くとメガネを通じて森林のなかにいるように見える。鳥のさえずり、風に揺れる葉っぱの音が聞こえる。解説も聞く。普通なら館内にいる図書館員に置いてある場所をたずねてもいいが、あえて音声ガイドと3Dメガネを用いて館内を散策するイメージである。

図書館に置いてあるものをうまく組み合わせて来館者に提供していくのである。ただ、これはなかなか容易にできるものではない。失敗も含めて経験を積み重ねることによって表現の仕方を体得していくのである。

5―13　昔の遊びとゲーム

小学校高学年から中学・高校生を対象に昔の遊びやゲームを提供する。おはなし会、読み聞かせ、ブックスタートなど、図書館ではおなじみとなっている催しはあるが、いずれも乳幼児から小学校中学年までを対象にしたものが多い気がする。これからは小学校高学年から中学・高校生に図書館を利用してもらうことも大切である。サービスの質を高めていくべきだと考える。

とはいうものの、いまの小学生は習い事などで忙しい。中学・高校生になると部活動や受験勉強に時間をとられる。図書館に行く時間や動機は見つけられない。図書館に行くとしたら勉強机がほしいだけである。いわゆる赤本や青本などの受験参考書が図書館に置いてあれば口コミで生徒はやってくるだろう。しかし、それでは図書館に置いてある多くの資料はほとんど使われない。

そこで、「ちょっと図書館に行ってくる」という最初のきっかけになるような、昔の遊びやゲームの場を設ける。ゲーム機がなかった時代ではどのような遊びをしていたのかを知ると同時に体験する。遊びは一つの文化である。けん玉、あやとり、メンコなどはいまではあまりおこなわれなくなっているが、ゲーム機ばかり操作している子どもにとっては新鮮だろう。けん玉の技はたくさんあり、本に多数の紹介がある。四、五十年前にはやったけん玉がいまや海外でも注目されるようになっている。メンコは地域によっては丸メンや相撲メンというものがあった。図書館側で厚紙を用意して子どもたちにイラストを描いてもらう、細工をするなどして遊ぶだけでも盛り上がるだろう。

ゲームについては、家庭用ゲーム機をできるだけそろえ、決まった時間を設けて使ってもらう。新しいものが発売されるたびにソフトを購入している家庭はどれだけあるだろうか。図書館側でできるかぎり購入し提供できるようにする。「ちょっと図書館でゲームをしてくる」と子どもが母親に声をかけて家を出る。ゲームを進めていくうち「あれ？　この登場人物ってどこかで聞いたことがある」と思ったら、図書館にある人名事典を引けばいい。「これって、もしかして」と思ったら図書館に置いてある辞書・辞典類を見ればいい。そうでもしなければ重たい本を手に取らないだろう。購入するソフトの選定は、図書館に置いてある本や雑誌、新聞を手に取ってもらえるようなものになる。

最初は遊びやゲームをするために図書館に来ればいい。図書館に行くことが増えれば、調べることも出てくる。ちょっと調べたいことを簡単に調べることができるという体験のきっかけづくりになる。自分で調べられなかったら、図書館員が調べものを手伝う。あとあと大人になって困ったときに、「図書館で調べよう」と思い出すだろう。「図書館を使わないと損をする」と思ってもらえるようなきっかけを作りたい。

5―14　館内案内

館内に案内人を配置する。案内人はほかの業務はおこなわずフロアを自由に動ける。カウンターが混んでもカウンターに入らない。本を棚に戻す作業もしない。案内だけをおこなう。本が置いてある場所の案内、トイレの案内、利用者カード作成の案内など、案内だけをおこなう人を当番制にして配置する。図書館で、なんとなく人に聞きにくいモヤモヤした感じをもったことはないだろうか。本を戻している館員に声をかけるのも気が引ける。わざわざカウンターに行って聞くまでもないことを気軽に聞ける人として置くのである。

館内に案内人を配置することによって、図書館として待ちの姿勢ではないことを示したい。返された本を棚に戻す作業や棚の整理、巡回以外、なかなか館内を歩き回ることはないだろう。意識しないかぎりカウンターやバックヤードに張り付きになってしまう。ある先輩職員が「カウンターにいないと利用の傾向がわからない」と言っていた。確かに生の傾向ではあるが、それはきわめて限定された情報である。館内では本を借りないで館内で読んでいるだけという人も当然いる。何か探しているが、結局見つからないで諦める人もいる。諦める前に一声かけてもらって置いてある棚まで案内することができれば、どのような本を読みたいと思っていたかわかる。

高齢者の図書館利用も今後増やしていきたい。これから新館を建設するときはユニバーサルデザインを意識したものになるだろう。ただ、すでに図書館があり、建て替えが当面ないことも考えられる。すると、高齢者や足腰が弱い人はちょっとした段差が障害になる。そんなとき、フロアにいる案内人がすみやかに駆けつけて誘導する。シニアカー（高齢者向けに作られた、三輪または四輪の一人乗り電動車両）で来館した場合、館内が混んで子どもが多いときは接触事故の発生確率が高くなる。この場合、図書館で用意している車椅子に乗り換えてもらう。案内をおこなったほうが接触事故を未然に防ぐこともでき、気持ちよく利用してもらえる可能性がある。

つまり、案内や誘導が必要と思われるときには、フロアを自由に動ける案内人がすぐさま駆けつけて対応する。支援を必要とする来館者に対応できるようにフロアを見回す。そうすることで、カウンターの外でも、職員と来館者が声を交わすきっかけの一つになるのである。

5—15 地域に関係する配布物の整理と提供

図書館は地域に関係する配布物をそろえて整理し、わかりやすく提供すべきである。図書館には毎日、多くの団体や機関から配布物が送られてくる。自治体に関係するものも配布用に送られてくる。来館者が「これを図書館に置いてほしい」とチラシを持ってくることもある。単純に館内に設置しているラックに入れるだけでは手に取る人が少ない。図書館員が整理して提供することによって、見る人も増えて参加する可能性が高まるのである。

配布物の置き方にこだわりをもったほうがいい。図書館によってはチラシを専用ラックに入れている。入れ方が適当な図書館がある。このような図書館では、日にちが過ぎたチラシを入れっぱなしにしているところがある。図書館によっては、ある程度カテゴリーを設けてわかりやすく入れている。カテゴリーの例としては自治体関係の発行物、図書館の近くにある公共施設のチラシ、都道府県の発行物など。いろいろなチラシが毎日送られてくると面倒になりがちである。あふれた情報を整理することも図書館員の仕事だと考えて、意識を変えていきたい。

次のステップとして、チラシにある情報のうち、一定の項目を抜き出してウェブサイトに表示する。行事名、開催日時、開催場所、主催者・関係者だけをデータベース化し図書館のウェブサイトに表示できるようにする。これは目録をとる作業と同じである。理想は検索できるものである。ちょっとした法律相談をしたいとする。検索して役所の無料相談窓口、弁護士会によるイベント、図書館で弁護士を招いた講座などが検索結果として表示される。気になったイベントがあればチラシを手に取ってもらうようにするのである。

これが軌道に乗れば、本や雑誌など図書館に置いてあるものと関連づけることもできる。先の法律相談の例を続けると、イベント一覧だけではなく、法律関係の本の一部、置いてある雑誌が表示されるようにするのである。交通事故の法律相談のチラシには交通事故関係の本を、離婚関係のチラシには民法や離婚関係の本が表示されるようにするのである。せっかく図書館に配布物を置くなら、関係している本や雑誌と結び付けたほうが本と雑誌がより利用され、催事にも関心をもってもらうことができる。

図書館は公共施設のなかでも来館者が多い施設だ。さまざまなところから配布物が配布用に送られてくる。それを図書館がうまく整理して提供することができれば、地域の情報拠点としての役割を担えるのである。

5—16 公園デビューと図書館デビュー

親子が公園デビューして遊んだり情報交換したりする、そんな環境を図書館にも作りたい。図書館としては〇歳から二歳の乳幼児向けのおはなし会を毎週決まった時間におこなう。おはなし会の前後三十分は館内が多少騒がしくなることが当然になる。保護者たちで何か話が盛り上がっても、「静かに」と注意しないこと。子どもがよちよち歩き回っても、遠いところに行かないかぎり気にしない。子どもが本棚に並べている本を押したり、散らかしたりしても図書館員は注意しない。時間限定ではあるが、あたかも公園にいるような空間を作るのである。

公園デビューという言葉は一九九〇年代から使われ始め、マスコミや雑誌などで取り上げられた。デビューにはストレスがかかる。「失敗してはいけない」と思ってしまう。育児不安や育児ストレスにつながるおそれもある。図書館デビューは、親子が気軽に行ける空間にしたい。同じ状況にある人が特定の時間に集まれるように仕掛ければ、おのずと子ども同士で遊んだり、親同士で話をすることができる。図書館で仕掛けを作れば、ありがちなママカーストやリーダーぶる母親も現れず、上下関係もない。公園デビューとは違って過度なストレスにならない。図書館側で留意することは、親子以外の一般来館者に対して理解してもらうことである。一定時間ある程度、騒がしくなることを納得してもらえるようにしなければならない。

二〇一五年四月からの子ども・子育て支援制度と図書館の関係も考える必要がある。子ども・子育て支援制度とは、一二年八月に成立した「子ども・子育て支援法」「認定こども園法の一部改正」「子ども・子育て支援法及び認定こども園法の一部改正法の施行に伴う関係法律の整備等に関する法律」の子ども・子育て関連三法に基づく制度[45]のことをいう。内閣府のサイトには「子ども・子育て支援新制度 なるほどBOOK[46]（平成二十六年九月改訂版）」がある。この「なるほどBOOK」には制度の概要が書かれていて施策を理解するのに役立つ。残念ながら、このなかには「図書館」という文言が一言もない。前田正子は「新制度というと認定子ども園や施設型給付、さらには待機児童対策に注目が集まりがちだが、地域の子育て支援事業の充実も大変重要なことだ。実は就学前の乳幼児の大多数は家にいる[47]」という。図書館では乳幼児から小学生まで幅広い年齢に応じた行事やおはなし会などのサービスを実施している。自治体の職員や国の役人に、図書館が子どもたちに対してどのようなサービスを提供しているのか知ってもらうことも必要である。自治体として子ども・子育て支援をするために無駄な重複はなくすべきであり、それぞれの施設が連携、すみ分けをすれば子どもや親にとって充実した支援になると考える。

注

（1）田村俊作研究代表編「利用者ニーズに適合した公共図書館サービスモデルの構築――平成二十年度―平成二十三年度科学研究費補助金（基盤研究〔B〕）研究成果報告書」二〇一二年、三八―七〇ペ

ージ

(2)「ビジネス支援図書館推進協議会」(http://www.business-library.jp/)[アクセス二〇一四年十一月十八日]を参照。

(3)菅谷明子『未来をつくる図書館——ニューヨークからの報告』(岩波新書)、岩波書店、二〇〇三年

(4)「子どものお気に入りのぬいぐるみが図書館で一夜を過ごす「お泊まり会」(米国)」「カレントアウェアネス・ポータル」(http://current.ndl.go.jp/node/16663)[アクセス二〇一四年十一月十八日]を参照。

(5)「「ぬいぐるみの図書館おとまり会」現場の様子と舞台裏(日本)」「カレントアウェアネス・ポータル」(http://current.ndl.go.jp/e1127)[アクセス二〇一四年十一月十八日]を参照。

(6)「閉館後の図書館で行われる「ぬいぐるみお泊まり会」が話題」「ダ・ヴィンチNEWS」二〇一四年九月二日付(http://ddnavi.com/news/206011/)[アクセス二〇一四年十一月十八日]を参照。

(7)「ぬいぐるみで本好き育てる 人気イベント「お泊り会」が絵本に 江戸川・篠崎子ども図書館で原画展」「東京新聞」二〇一四年八月十九日付、二十四面

(8)「日本シェアリングネイチャー協会 ネイチャーゲームとシェアリングネイチャー」(http://www.naturegame.or.jp/know/3minutes/)[アクセス二〇一四年十一月十八日]を参照。

(9)ジョセフ・B・コーネル『ネイチャーゲーム 新装版』日本ナチュラリスト協会訳、柏書房、一九九一年、七〇—七一ページ

(10)「生物多様性」「情報・知識 imidas」「JapanKnowledge」(http://japanknowledge.com)[アクセス二〇一四年十一月十八日]を参照。

(11)「内閣府 環境問題に関する世論調査」(http://survey.gov-online.go.jp/h26/h26-kankyou/2-3.html)

［アクセス二〇一四年十一月十八日］を参照。

(12)「内閣府 環境問題に関する世論調査 調査結果の概要 図8」(http://survey.gov-online.go.jp/h26/h26-kankyou/zh/z08.html)［アクセス二〇一四年十一月十八日］を参照。

(13)「BLOGしのざ記 講演会「マリモだけじゃない釧路湿原」」(http://www.shinozaki-bunkaplaza.com/blog/diary.php?blogCD=1&day=27&month=07&year=2013&calType=2013%2007%2001&CategoryCD=24)［アクセス二〇一四年十一月十八日］を参照。

(14)「BLOGしのざ記 富田京一氏講演会」(http://www.shinozaki-bunkaplaza.com/blog/diary.php?blogCD=1&day=29&month=04&year=2014&calType=2014%2004%2001&CategoryCD=24)［アクセス二〇一四年十一月十八日］を参照。

(15)「総務省統計局 人口推計 平成二十六年十月報」(http://www.stat.go.jp/data/jinsui/pdf/201410.pdf)［アクセス二〇一四年十一月十八日］を参照。

(16)同ウェブサイト

(17)「地域デビュー」「情報・知識 imidas」「JapanKnowledge」(http://japanknowledge.com)［アクセス二〇一四年十一月十八日］を参照。

(18)「ワークショップ」「デジタル大辞泉」「JapanKnowledge」(http://japanknowledge.com)［アクセス二〇一四年十一月十八日］を参照。

(19)「ファシリテーター」「情報・知識 imidas」「JapanKnowledge」(http://japanknowledge.com)［アクセス二〇一四年十一月十八日］を参照。

(20)「観光庁 観光立国推進基本法」(http://www.mlit.go.jp/kankocho/kankorikkoku/)［アクセス二〇一四年十一月十八日］を参照。

(21) 国土交通省観光庁編『観光白書 平成二十六年版』昭和情報プロセス、二〇一四年、二八ページ
(22) 同書二九ページ
(23) ジェイティービー監修『JTB宿泊統計年報二〇一二――国内宿泊旅行と主要観光地の動向』JTB総合研究所、二〇一二年、六ページ
(24) 同書一二ページ
(25) 同書二一ページ
(26) 同書二一ページ
(27) 同書二一ページ
(28) 松本秀人「図書館と観光――その融合がもたらすもの」「カレントアウェアネス・ポータル」(http://current.ndl.go.jp/ca1729)［アクセス二〇一四年十一月十八日］を参照。
(29) 「秋田県立図書館」(http://www.apl.pref.akita.jp/kyoudotenji/index2006.html)［アクセス二〇一四年十一月十八日］を参照。
(30) 「北海道・東京・鹿児島の三つの図書館、各地の特色を紹介しあう合同展示を開催」「カレントアウェアネス・ポータル」(http://current.ndl.go.jp/node/19778)［アクセス二〇一四年十一月十八日］を参照。
(31) 「喜多方市立図書館など東日本の五つの図書館で合同展示「ラーメン展」を実施」「カレントアウェアネス・ポータル」(http://current.ndl.go.jp/node/20104)［アクセス二〇一四年十一月十八日］を参照。
(32) 「中央教育審議会答申「幼稚園、小学校、中学校、高等学校及び特別支援学校の学習指導要領等の改善について」」(http://www.mext.go.jp/a_menu/shotou/new-cs/pamphlet/__icsFiles/afieldfile/2010/09/08/1234786_3.pdf)［アクセス二〇一四年十一月十八日］を参照。

(33)「文部科学省　新学習指導要領・生きる力　第二章　各教科第二節社会」(http://www.mext.go.jp/a_menu/shotou/new-cs/youryou/syo/sya.htm)［アクセス二〇一四年十一月十八日］を参照。

(34)「文部科学省　新学習指導要領・生きる力　第五章　総合的な学習の時間」(http://www.mext.go.jp/a_menu/shotou/new-cs/youryou/syo/sougou.htm)［アクセス二〇一四年十一月十八日］を参照。

(35) 大石学監修『文化遺産学習事典』(「学研まんが NEW 日本の歴史」別巻)、学研教育出版、二〇一四年、一四八ページ

(36) 倉部きよたか『新版　修学旅行で行ってみたい日本の世界遺産二　京都の世界遺産』岩崎書店、二〇一四年、二〇ページ

(37)「文部科学省　新学習指導要領・生きる力　学習指導要領とは何か?」(http://www.mext.go.jp/a_menu/shotou/new-cs/idea/1304372.htm)［アクセス二〇一四年十一月十八日］を参照。

(38)「朝活」「デジタル大辞泉」「JapanKnowledge」(http://japanknowledge.com)［アクセス二〇一四年十一月十八日］を参照。

(39) 渡辺保史『情報デザイン入門――インターネット時代の表現術』(平凡社新書)、平凡社、二〇〇一年

(40) 粕谷俊雄『イルカ――小型鯨類の保全生物学』東京大学出版会、二〇一一年

(41) 水口博也『イルカ』アリス館、二〇一〇年

(42)「夢叶う、憧憬のドルフィンスイム」「月刊ダイバー」二〇一四年四月号、ダイバー

(43)『イルカ――野生の素顔』(ナショナルジオグラフィックプレミアムセレクションDVD)、TDKコア、二〇〇七年

(44)『Healing Dolphin』(Feel the Nature Series)、デラ、二〇〇三年

（45）「内閣府　子ども・子育て支援新制度とは」（http://www8.cao.go.jp/shoushi/shinseido/outline/index.html）［アクセス二〇一四年十一月十八日］を参照。

（46）「子ども・子育て支援新制度　なるほどBOOK　平成二十六年九月改訂版」（http://www8.cao.go.jp/shoushi/shinseido/event/publicity/pdf/naruhodo_book_2609/print-a3.pdf）［アクセス二〇一四年十一月十八日］を参照。

（47）前田正子『みんなでつくる子ども・子育て支援新制度――子育てしやすい社会をめざして』ミネルヴァ書房、二〇一四年、五三ページ

第6章

図書館活動を豊かにするための資金繰り

6―1　資料購入費の使い方

資料の購入費は中長期的な視点に立って計画的に使わなければならない。一年だけで考えるのではなく、どのような品揃えにするのか計画を作る。来館者の反応を見ながら計画の継続・修正をおこなっていく。資料購入費は商品を買って陳列するための貴重な原資である。本やCDを買って棚に並べることは、服や靴のセレクトショップで働くバイヤーの仕事に似ている。

資料購入費に関わる用語は整理する必要がある。実は人によって捉え方が若干違っている。まず、資料購入費といった場合は図書館資料の購入に費やす総称である。これから本を買う図書費、新聞や雑誌を買う新聞雑誌費、CDやDVDを買う視聴覚資料費などに大きく分かれる。「資料費が減った」と誰かが言ったときに資料購入費を指すのか、それとも図書費だけが減ったのか確認をしたほうがいい。次に図書費は装備費を含んでいるのか否か確認をしたい。図書館に置いてある本は書店にあるものとは違って図書館名が記されたバーコードや背ラベルなどを貼って、本の表紙を透明のラミネートフィルムで包んでいる。これを業界では「装備」といっている。もちろんお金がかかる。装備費という。仕様や形態によって一冊につき二百十円、二百六十円などの単価になる。前述のように、この装備費が購入経費に入っているか否かは大きい。ほかの自治体と比較するときにA自治体では装備費を含まない金額、B自治体では含んだ金額になっていることがある。事情がわかっていなく「B自治体のほうがA自治体より購入経費が高い」と言っても、実は装備費を除けばA自治体のほうが予算をもっていることもある。資料購入費は業界でもよく話題になっている。議論をするときは注意したほうがいい。特に予算編成の時期には担当者から隣接する自治体と比較されがちである。「うちは近隣の自治体より高いから同じくらいにしてもいいのではないか」と言われたときに、何も知らないと反論もしづらい。

図書の資料選択の方法としては大きく三つある。一つ目は、書店や取次といわれるところから定期的に本が図書館に送られてくるものがある。業界用語で「見計らい」といっている。二つ目は図書館員が書店に行って買う。三つ目は新刊書のカタログを使って買う。この三つをうまく組み合わせれば、資料購入費を適切に使うことができる。筆者は過去に見計らいを経験したことがある。毎週、所定の図書館に各館の担当者が集まって書店から段ボールで送られたものを取り出し、棚に並べて購入するか否かを決める。買わないものは段ボールに詰めて書店に返す。買わない数が多いと段ボールに入れる作業が大変である。全体的に返本が多いと「返本率が高い」と言われる。実際に手に取ってみることができるのはメリットである。しかし、高額な専門書は見計らいからはずされることが多い。たとえば、四千円以上するものが送られてくることは多くはない。返本される可能性が高いからである。特定の分野の本を買いたいときには、書店に行って現物を見たほうが専門書や高額な図書も手に取ってみることができる。新刊図書の買い漏れをなくしたり、どのような本があるのか網羅的に見たいときには新刊カタログが有効である。カタログによっては本の表紙が掲載されていて想像しやすく、簡易な紹介文が記されている。隣にはバーコードがあり、スキャンすることで発注がすみやかにおこなえる。

資料購入費の内訳にも関心をもったほうがいい。資料購入費のなかで図書費は予算が多い。多いため、予算の使い方次第でその図書館のレベルがわかる。新刊書を買って商品の鮮度を保つことは大切である。しかし、出版年が古いからといって安易に新刊書に入れ替えるのではなく、いまもっているものの利用を促すことも考えなくてはいけない。図書館としての得意分野の充実度やレベルを維持していくために、ある程度の蓄積は必要である。半年や一年で使われなくなる本の購入を控えることもあるだろう。情報の速報性という観点から、特定の専門新聞や専門雑誌を購入するために図書費の一部を新聞雑誌費に入れることも考えるべきである。本だけではなく資料購入費の内訳と現状を認識すれば予算を上手に使うことができ、置いてあるものが充実する。

6―2 施設管理にかかる経費

施設の維持管理にかかる経費にも関心をもつべきである。なぜならそれは相当な額だからだ。光熱費だけでもかなり費用はかかっている。請求書を見ると自宅と比較してその金額に驚く。施設管理のほとんどが委託に出していることが多く、現場で働いている図書館員はよく事情をわかっていない。適正な金額がわかりにくい。複数の業者が出した見積もりを見てとりあえず安いほうにしがちである。施設の維持管理にはどのようなものがあって、どれくらいのお金がかかるのか、業者の言いなりにならないように話ができる程度の知識が必要である。そうすれば、無駄なく予算を使うことができる。

維持管理には大きく設備の状態を調べる点検、劣化した部分を支障がない状態まで回復させる修繕、毎日の清掃などの保全がある。点検は定期点検があり、それぞれ法律に基づいておこなわれている。なじみがあるのはエレベーターの昇降機定期検査や自動ドア保守点検だろう。図書館が休館日のときに作業員がパーツの腐食・損傷、そのほかの劣化を見ている。筆者がこれまで勤務した図書館では、毎月エレベーターを検査しているところもあれば年四回のところもあった。ほかの点検としては外壁や天井などのひび割れ、欠損、はがれ、ずれ、さび、接合部剝離などを見る。

実際の金額は東京都荒川区立図書館と中野区立図書館が参考になる。荒川区には区立図書館が五館と分室（図書サービスステーション）が一カ所ある。南千住図書館が中心館としての役割を担っている。二〇〇三年度（平成十五年度）の光熱水費は二千七百三十九万二千七百四十二円、清掃委託と各種保守委託は三千百三十五万七千九百六十八円、備品修繕費は六万六千七百四十九円となっている。二〇〇七年度（平成十九年度）の光熱水費は二千六百九十七万二千二百五十円、清掃委託と各種保守委託は二千七百九万六千四百三十二円、備品修繕費は二十九万二千九百三十八円(1)となっている。中野区立図書館では東中野図書館の二〇一〇年度の光熱水費は三百二十五万五千百十二円、清掃業務委託は九十三万四千五百円、冷暖房設備保守委託二十万四千四百九十八円、消防設備点検委託は七万七千七百円、エレベーター保守点検委託は四十三万八千四百八十円、建物などの維持・修繕は二百三十一万九千六百二十二円(2)だった。自分が利用している図書館はどれだけかかっているか比較してみてはどうだろうか。

　業者による作業報告はよく聞いたほうがいい。単純に書類に判を押すだけではいけない。業者は営業的なことを言っているときもあれば、心配してメンテナンスを勧めていることもある。特に問題はないときもあれば、修繕の可能性があるものまでさまざまである。図書館入り口の自動ドアは開閉回数が一定の回数を超えると部品交換をおこなうことが推奨されていて、業者の報告のときにいままでの開閉回数と見積もりを示される。五十万円と記されたものを見て、もう少し安くならないかとその場で考えるのか、現在は問題なく使用できているので様子を見ながら交換を検討することにするのか、判断が分かれる。複数の館員で検討したほうがいい。自動ドアではないが、筆者が聞いた話では、ある図書館で空調設備が八年以上利用しているため不具合が出てくるようになった。業者から部品交換を勧められたが、そのとき出された見積もりが高額だったため対応を見送った。二年後、作動しなくなった。業者はその空調設備のパーツをもう生産していなかった。修繕は不可能で、本体そのものを交換することになって高額の交換費用がかかったようである。定期的な部品交換は故障を最小限に抑える。使用年数の期間を延ばすことができて出費を抑えることになる。故障の原因は経年劣化とメンテナンス不足によるものが多い。適切なメンテナンスをおこなっていれば長く使えるのである。

　来館者にもわかるのが施設の外壁である。外壁補修工事は、規模によるが工期は二カ月程度かかる。費用も、大規模になればそれなりにかかる。壁の欠損や浮きに対する工事をしたあとに、塗装と雨水侵入防止のための工事をおこなう。「これくらいならまだ大丈夫だろう、数年後に大規模におこなおう」と思っていたら、豪雨のときに雨水が館内に入ってくる場合もある。

施設の維持管理は、事後ではなく、日頃から予防を気にしたほうがいい。たいてい、被害が出てからの事後対応になっている。予防できれば修繕に必要な出費を最小限に食い止めることができる。

6―3　備品と消耗品の管理

備品と消耗品の管理のためには、そもそも適切な購入が重要である。この二つを計画的に購入するだけでも予算の使い方に対する意識は変わる。年明け、年度末に予算が余りそうだからとコピー用紙を大量に購入し積み上げているところがあった。一方で、机が老朽化して買い替えの対象になっているのにそのままにしている図書館もあった。予算をすべて使い切ろうと無理することはないのではないだろうか。自治体は予算執行率が問われることがある。予算に対して執行率が低いと、本来やるべきことをおこなっていないのではないかと言われる場合がある。余った理由を言わなければならない。できれば予算要求の段階で実際にどれだけあればいいのかわかればいいのではないだろうか。そして本来必要なところにお金がいくようにする。

備品と消耗品の区別は自治体でさまざまである。二万円以上を備品とし二万円以下を消耗品とする自治体があれば、三万円以上を備品としている自治体もある。備品は備品台帳とよばれる台帳に記して一年に一度は点検をしなければならない。兵庫県神戸市の物品会計規則事務取扱要綱には備品を「その性質・形状を変えることなく、おおむね一年を超えて使用に耐えるもので、取得価格(寄附を受けて取得したことその他の理由により取得価格が取得時の時価又は評価額と著しく異なる場合にあっては、その取得時の時価又は評価額をいう。以下、同じ。)が二万円以上のものとする」(3)とある。消耗品は「物品整理区分表1備品に例示されている物品その他これらに類するものであっても、取得価格が二万円未満のものとする」(4)とある。具体的には用紙類や文房具類である。一回もしくは短期間に使用して消耗や損傷をするものである。

図書館がオープンして年数がたっていれば、過去の消耗品購入状況から毎年何にどれだけ必要か把握できる。公共図書館の本の表紙にはラミネートフィルムをかけている。これは資料を守るためである。このラミネートフィルムは文庫判から百五センチ判まで本の大きさに応じたサイズが売られている。文庫判は二千六百円(5)(税抜き)であり、約九十冊分である。図書館に置いてある新刊雑誌はカバーをしている。あのカバーも雑誌のさまざまな大きさに対応できるよう、さまざまなサイズが売られている。「小説現代」(講談社)などのA5サイズは一つ三百九十円(6)(税抜き)である。図書館で必要な消耗品は、よほどのことがなければ毎年ほぼ同じではないだろうか。

備品については計画性が大事である。それなりの金額がかかる。たとえば、図書館には木製の布地張りの椅子が多く置かれている。軽微な傷は修繕して使えるが、年数がたって老朽化しているものは修繕では対応しきれないときもある。そのようなときは購入になる。木製閲覧椅子は一脚三万二千二百円(7)(税抜き)である。日頃から図書館に置いてある物品を注意して見ていれば、そろそろ買い替えるか、まだ先でもいいのかわかる。状況を把握し、予算獲得を上手に進めなければならない。

お金を必要なときに使い、必要でないときは無理に使わないようにする。メリハリのある執行ができるようにならなければいけない。そのためには図書館の状況を適切に把握していることが重要である。

6―4　人件費の捉え方

図書館に勤務している人の人件費は明確に捉える必要がある。図書館にかかる経費のなかで人件費は大きい。それにもかかわらず、外部の人にはそこの図書館の人件費がわからないことが多い。一つの自治体に複数の図書館があった場合、図書館ごとの人件費がわからないことも多い。おそらく現場で働いている図書館員も、いったいどれだけの人件費がかかっているのか把握していないのではないだろうか。自治体内のほかの類似施設との比較や図書館のサービスを考慮して、図書館員の人件費はどれくらいが適正なのか、一つの図書館で総額どれだけの人件費がいいのか考えるべきである。

いままでは予算と決算を前提とした図書館運営だった。そして、正規職員の人件費が図書館の運営費から除外されているのは、人員配置は自治体の職員課の所管だったからではないだろうか。

いままでは非営利組織の運営だった。そもそも図書館で収入を得ることはまれだった。図書館でも与えられた予算を消化するだけではなく、図書館活動を充実するために収入を得ようとすることが当然になってほしい。そのためには支出はいったいどれだけなのか明確にしなければならない。特にどれだけの人件費がかかっているのか捉えなければならない。

図書館の人件費については図書館関係の書籍や統計書にはあまり書かれていない。公になっているものを一部示すと以下のような記述はある。山梨県の北杜市図書館では二〇一三年度の総決算額は、一億五千九百十五万七千六百十七円。このうち正規職員の人件費が二千七百七十五万八千三百五十七円、臨時職員の人件費が六千七百三十二万二千三円[8]だった。「山梨県の図書館二〇一三」によれば北杜市の正規職員は三人、非常勤・臨時職員は三十一人、パート・アルバイトは十六人[9]だった。〇九年度の東京都町田市立図書館の常勤職員の人件費は六億千六百二十五万九千円だった。常勤などは六十五人、嘱託は八十三人[10]だった。千葉県船橋市中央図書館の〇二年度の市職員人件費は一億六千四十五万千円、臨時・嘱託など人件費は千九十五万九千円だった。正規職員十六人、嘱託や非常勤などは十三人[11]だった。

自治体によっては手当がついている。たとえば、福島県郡山市では変則勤務職員の手当として分館を除いた図書館に勤務する職員は勤務一カ月につき六千円が支給[12]される。茨城県下妻市でも図書館に勤務する職員で変則勤務に従事する職員に一カ月につき二千円を超えない範囲で支給[13]している。一方で手当を廃止している自治体もある。たとえば、静岡県の富士宮市や御殿場市、清水町などは廃止[14]した。変則的な勤務であることをもって、手当の支給対象とはなっていない。

変則勤務の手当は必要ないと考える。手当は一般的に考えれば危険や困難なものにつくのではないだろうか。社会情勢と照らし合わせて考えるべきである。そもそも、図書館はサービス業である。土曜日や日曜日に家族連れで図書館にやってくる。職員を多くあてて対応できるようにしなければならない。最近では仕事帰りに利用できるように夜遅くまで開館するのが一般的になりつつある。コンビニで深夜に働いているならともかく、二十時までの勤務である職員に手当を支給することは適切だろうか。移動図書館の運転以外に図書館で手当を支給する必要はあるだろうか。

図書館の人件費を考えるにあたっては、必要な職員数と賃金モデルを試算して実際と比較するべきである。そのために図書館で一日あたり、一週間あたり、一月あたりの仕事とどれだけの時間数が必要なのか洗い出しをおこなう。業務の洗い出しは、無駄な作業や漏れている作業が判明するいい機会である。たとえば、本を買うか買わないか選定する時間は一週間あたり五時間必要で、担当者は三人必要である。五×三＝十五時間となる。ほかの業務も同様に算出して表にする。そうすれば総時間がわかる。それぞれの業務にどれだけ時間がかかっているかわかる。どれだけの人が必要かもわかる。図書館全体の一日の仕事の仕方も効率的にできる。業務の漏れがないか確認をするリーダー的な職員は何人必要なのか。熟練した業務をおこなう人は何人いるのか。新人でもすぐにおこなえる単純作業は何人必要なのか。そしては他業種・他業界で似たものはあるのか、賃金はいくらになるのか考える。一つの図書館で人件費の総額と人数が試算できる。試算結果が実際と近いのか、現状があまりにも人件費がかかりすぎているのかわかったあとで、人員の構成や図書館経営を考えていくべきである。

6-5　募金箱の設置

図書館とほかの自治体の施設に募金箱を設置する。募金という形で図書館活動や必要な物品を買うために使える資金を広く得る。十円ずつでも、たまればそれなりの金額になる。図書館内ではカウンターやコピー機の近くに置く。財布を出す場面がある場所に設置する。自治体のほかの施設では役所だけではなくスポーツ施設や文化施設に設置する。定期的に図書館員が巡回して集金する。

図書館でおこなう募金は、募金詐欺とは言われないように説明責任をしっかり果たすことが必要である。募金箱には集めたお金をどのように使うのか目的を記す。机を買うため、一冊十万円するが役に立つ本を買うためになど、誰にでもわかるように具体的にする。目標金額も記す。そして、目標金額に達して集めた金を使ったら、広く周知をおこなう。図書館のウェブサイト、自治体が発行している広報誌に記す。ものを買った場合は「募金によって購入した」などと、買ったものにわかるように表示をつける。『こんな募金箱に寄付してはいけない』[15]には疑惑募金の例が記されている。確かに街頭募金活動のなかには、うさんくさい使途不明のものなどがあって、募金詐欺といわれることもある。災害時のときは、共同募金や日本赤十字を名乗った募金詐欺が多発する。

募金をおこなうことで現在の図書館の状況を広く知ってもらうきっかけにもなる。「きれいな机を買うために十万円必要」と使途を示し、現在の机の状況を写真に撮って募金箱に貼って見せれば、

「こんなガタがきている机はだめだ」と思って十円でも募金箱に入れてくれる可能性はある。図書館をほとんど使っていない人が「いまの図書館はそんなに古くなったのか。しかもお金がないのか」と心配して募金してくれるかもしれない。

一方で、考え方によっては自らの恥をさらすことでもある。お金がないから募金でお金を集めることは一般企業で働いているサラリーマンからすると「職員たちの給料を減らしてそっちに使えばいいだろう」と思うかもしれない。お金の使い方を疑われてもおかしくないだろう。そうした疑問を投げかけられたときに答えられるロジックを考えることは、図書館経営の資金繰りを考えることでもある。募金のときに何か言われるのがいやでそのまま老朽化した机を使い続けていれば、いつかは「机が古くて使う気になれない」と苦情が出る。何も言わないで利用されなくなり、人が図書館に来なくなる場合もある。大げさにいえば、いま対処するのか、放置したほうがいいのか経営判断をしなければならない。お金が必要な目的が誰でもわかるようなことだったら、募金は一つの有効な資金調達の手段だと考える。

6—6　図書館グッズの販売

図書館でも博物館のようにグッズの販売をおこなってみてはどうだろう。理由は二つある。一つは収入のためである。二つ目は図書館のPRである。後者のことについては河合美穂が「外国の公共図書館では、収益を財政に当てるためというより、図書館のPR活動として意義付けしている」[16]と述べている。日本の公立図書館では物販はまだ少ない。今後、それぞれの図書館が地域の特性を生かして販売を実施していくべきである。

大阪市立中央図書館では二〇一三年から一階エントランスにライブラリーショップをオープン[17]した。文房具や書籍、食品を販売している。千代田区立日比谷図書文化館には一階に本や文具を扱うショップと、無線LAN完備（コンセントが三十口以上）の六十席のカフェが融合した店[18]がある。山梨県の山中湖情報創造館では〇七年からライブラリー・ショップを始めた。山中湖にゆかりのあるものが販売されている。山中湖村在住、あるいは活動拠点にしているアーティストの作品[19]もある。埼玉福祉会は日本図書館協会と提携し、アメリカ図書館協会のグッズを販売している。サイトを見るとマグカップや帽子、傘、カードフォルダーなどさまざまである[20]。

グッズは売れるもの、儲けがあるもの、PR効果があるものにしなければならない。地域の名産や伝統工芸と連携して図書館オリジナルのグッズを作るのもいいだろう。ヒントになるのは大学で販売しているオフィシャルグッズだろう。エコバッグ、クラッチバッグ、クリアファイル、ポストカード、文房具、タオル、ハンカチ、Tシャツなど。図書館で大規模な展示をおこなう場合は博物館のように期間限定の商品を開発するといい。

グッズには図書館のことがわかるような目印を入れる。安易に図書館名だけ入れても売れない。想像してほしい。エコバッグに大きく図書館名が入っていたら使うだろうか。あまり使いたいとは思わないだろう。

目印として図書館を象徴するシンボルマーク、図書館名を象徴的に表現したシンボルロゴ、公式キャラクターなどを考案しグッズに入れる。昔、サブバックとして高級ブランドの小さな紙袋を使うのがはやったことがある。デザインがよく、丈夫である。また、一種のステータスの誇示でもある。高級ブランドとまではいかなくとも、外で使えるもの、「あのロゴはどこの?」「あのキャラクターはなんだろう」と見た人が気になるもの、ちょっとした自慢ができる目印がほしい。

このように売れるグッズを作れば収入もある程度見込める。収入は図書館活動を充実するため、本の購入や家具の購入、新商品の開発費用など多岐に使えるだろう。

6-7　行事による収入

これから図書館でおこなう行事の一部は有料もあるべきである。最近、図書館では映画会以外に講演会などの行事の実施回数が増えつつある。参加はほとんど無料である。有料は少数である。以前、ある企画で講師と話をしているときに、「参加者から五百円でも金をとればもう少し頑張るのに」と冗談で言われたことがある。図書館でおこなう行事については参加者から金を徴収してはいけないとは法律で書かれていない。図書館法第十七条は「公立図書館は、入館料その他図書館資料の利用に対するいかなる対価をも徴収してはならない」とあるだけである。参加料金は参加者の理解を得られる範囲、明確な算定根拠があれば図書館、講師、参加者が納得して行事が成立すると考える。参加料は講師料と図書館側の消耗品などの諸経費の合計である。

参加料を徴収したい理由は、無料ではおこなえる催しものが限られるので、よりいいものを実現したいからである。図書館でおこなう行事は年間で予算が組まれている。開館十周年記念として著名な作家を呼ぶために高額な予算を組む場合がある。ある作家は九十分で七十万円だった。一般的に一回の行事で高額の講師料は設定しない。そのために呼ぶ人は限られる。講演会だけではなく、何かものを作る行事をおこないたいと考えたときに材料費をとりたい。一人一台簡易ロボットを作る講座をおこなうとする。完成したロボットは持って帰ることができる。ロボットを作るための材料費を参加者から徴収する。

有料だと参加者のモチベーションが違う。無料でおこなわれる図書館行事は事前に参加予約したにもかかわらず、参加予約者から、当日になってキャンセルが入ったりやキャンセルの連絡さえないこともある。参加者の意識のなかに「無料だから」と思う部分があるのだろう。図書館で参加予約した行事予定の日に、あとからそれより優先度の高い用事が入ることはよほど緊急なことがない限り少ないだろう。有料にしてかつキャンセルした場合でも参加料は徴収するようにすれば、ほかに予定を入れることはしなくなる。そして、五百円でも徴収すれば、参加者も期待をもって参加する。

参加費を徴収すれば講師のモチベーションも変わる。たとえば講師料二万円とし、定員を五十人として参加費五百円を徴収する。このうち三百円は講師、二百円は図書館の収入にする。仮に五十人集まれば講師には別途一万五千円の収入になる。当日までに講師も参加者数を増やすためにＰＲ

する。徴収したわりに内容がたいしたものでなかったら参加者が「Twitter」や「Facebook」などのＳＮＳで不満をつぶやき、評判が落ちる。一方で、内容が充実したものだったら「五百円以上の内容だった」と評判になる。

図書館としては実施までにかかった諸経費を回収したい。たとえば何か印刷して配る資料があった場合、インク代や用紙代はどこから捻出すればいいのだろうか。多くの図書館ではさほど気にしないで倉庫にある紙を使って印刷しているだろう。先の例のように図書館側で二百円の収入があれば、それを印刷代にすることができる。仮に五十人集まり一万円の収入があれば、印刷代以外は会場設営にかかる経費に使えるのである。

有料行事例としては演奏会や演劇、簡易なスポーツなど通常あまり図書館ではおこなわれないイベントが挙げられる。材料費徴収の例としては染め物体験、ロボット作成などのイベントで参加者から徴収したことがある。もちろん会場には関係する本や雑誌を陳列し、リストも置く。本や雑誌が利用されるようにする。

6-8　著者、出版社、書店との連携

予約多数本の対応は出版社と書店の連携によって解決したい。作家、出版社、書店、図書館がこれから仲良くやっていくための課題の一つに、予約数が多い本の対応がある。みんなが協力してビ

ジネスモデルとなる形を作れば、それぞれに利益がもたらされるだろう。もちろん図書館にも収入源の一つになる。

著名な作家の本や賞を受賞した本は貸出の予約件数が一気に増える。ときには千件を超えるときもある。たとえば、二〇一四年十月十二日時点で、練馬区立図書館で予約数がいちばん多い本は『村上海賊の娘』の上巻だった。千九十六件の予約があり、練馬区の図書館では三十六冊もっている。世田谷区立図書館でも予約数第一位は『村上海賊の娘』の上巻だった。千三百三十九件の予約があり、世田谷区の図書館では七十五冊もっている。練馬区と世田谷区は図書館の利用が多い自治体である。予約数と複本数の推移を研究した安形輝の論考では、『村上海賊の娘』についても「四月七日時点では多くの図書館システムで予約ランキング外であったが、四月八日の本屋大賞授賞によって次の週から予約数が劇的に増加した[21]」との言及がある。『村上海賊の娘』は和田竜が一三年十月に新潮社から出版したものである。第三十五回吉川英治文学新人賞、第十一回本屋大賞を受賞した作品である。

図書館によっては本や雑誌などを購入する予算が削減されているところが多い。限られた予算内では、人気がある本や予約多数本を十分、冊数をそろえられないところもある。そこで、図書館では予約が集中して多数が順番待ちをしている本について、寄贈をお願いしているところもある。ここ数年、堂々と掲示している図書館が増えている。筆者はこの対応には図書館なりの苦慮があると考える。とはいうものの、今後は発想を変える必要があるのではないだろうか。このままではいけない。図書館で予約が多いといって同じ本を多くそろえるよりも、一定の予約数を越えたものはなるべく本屋で新刊書を買ってもらえるように案内をしたほうがいいと考える。

予約が多い上位十冊の本については出版社から一冊ずつ一定期間借用する。来館者が館内で十分間読めるようにする。図書館員はタイマーでしっかり時間管理する。十分後、読者が続きが気になって予約待ち百番になっても待てるのなら予約、待てないのなら近くの書店で買ってもらうのである。残念ながらつまらない、もう読まなくていいと思ったら予約はしないで立ち去るだろう。何か受賞したり新聞やテレビで紹介されると、内容はよくわからないけれどとりあえず予約している人というのもけっこういる。特にいまは、インターネットが利用できる環境にあれば図書館のウェブサイトから簡単に検索して予約をすることができる。試し読みできる環境を図書館で作り、本当に読みたいか判断してもらうのである。

図書館の近くや来館者の近くに書店がない環境もある。都市部では大型書店があるが、地方は都市部とは違う。この場合、図書館で本を販売するのである。二つの方法がある。一つは委託販売である。もう一つは場所貸し販売である。

委託販売は、出版社や書店から予約多数本を一定期間、図書館で預かる。前述のように、読者が百番まで待てないからいますぐ読みたいと思ったら、その場で本を売るのである。図書館には若干の儲けがあるようにする。残念ながら売れ残ったものは出版社や書店に返す。もう一つの場所貸し販売は、出版社や書店に特定の日に図書館に来てもらう。図書館の外や館内の広いところでテーブルを出して本を陳列して販売してもらう。なるべく予約多数本を買ってもらえるように図書館は誘導する。図書館は本の売れ具合とは関係なしに、あらかじめ設定した場所代をもらう。この方法は、図書館員と来館者との間に金銭の授受は発生せず、図書館はあとで出版社や書店から場所代をもらうだけであり、比較的簡易におこなえると考える。

予約が多いから同じタイトルの本を購入したり寄贈で多くそろえたいと考えるのが、これまでの図書館だった。予約がなくなったときその本はどうなるだろうか。棚にたくさん並べるのだろうか。それとも廃棄するのだろうか。後先を考えるといい。ある程度の冊数をそろえたら、なるべく買ってもらえるような仕掛けをそれぞれが協力して作ったほうが互いのためなのではないだろうか。

6―9　地元企業の商品を置く

地元企業と連携して収入を得ることも考えられる。地場産業の支援は役所の部署としては産業振興課になる。図書館でも、地元企業で作っている商品の一部を館内に広告として置く。広告料を企業からもらうのである。自治体の施設のなかでも図書館は多くの人が来館する。来館者は幅広い年齢層だ。新聞やテレビ、チラシなどの広告はいまでも有効だが、見た人の生の反応は見ることはできない。購入があれば反応があったとわかるだけである。地元企業の人が図書館内でチラシを手に取る来館者の様子を観察してみてもいい。消費者の率直な感想を聞けるだろう。地元企業にとっても商品開発のヒントになる。産業支援の場を図書館で提供していることになる。

飲食物では生ものを実際に図書館内に置くのは難しい。写真や解説を記したチラシが限界だろう。

乾物や製品は安全上問題がなければ図書館に置く。大型製品であれば館内のある区画に置く。小物であれば、本棚の間や本棚に関係する本と一緒に置く。図書館は本をテーマ別に分けて本棚に入れているから何かしら関係するものはある。実物と関係する本があると実際に使ってみたいと思ったり、その本を読んでみたいと思う。相乗効果を発揮する。館内秩序を乱さないのであれば、製品の使い方を家電量販店でおこなわれているデモンストレーションのように、地元企業の担当者が来館者に紹介してもいいと考える。実際におこなうときは、時間と場所を決めて入り口に来館者にわかりやすく掲示する。図書館は場所を提供するだけである。

図書館の来館者には地元にどのような企業があり、どのようなものを生産しているのか知ってほしい。日本国内だけではなく世界でも売れているものがあるかもしれない。そして一般の人が購入できる製品なら購入して使ってほしい。自治体内ではフェアなどの催しものがおこなわれ地元企業が出展している。そこには、興味をもって行こうと思っている人しか行かないのである。いっそのこと、特に興味があるわけでもなく図書館に本を返しにきた人がたまたま置いてある製品を見たときの反応を企業が見たほうが、売り上げを増やすためのヒントになると思う。

図書館は製品の番をしたり、来館者に紹介したりはしない。図書館は、地元企業と置く製品の打ち合わせをする、関係する本を考える、ブックリストを作成する、後日に広告料金をもらうだけである。手間がかかるのは最初の打ち合わせである。けがなどの危険があるものは置かない。この打ち合わせが両者噛み合ったものになれば、製品を上手に宣伝することができる。

6-10 図書館資金パーティー

図書館に使う資金を集める目的でパーティーを開催する。イメージとしては政治資金パーティーである。政治資金パーティーとは「政治資金を集める目的で、参加費用を徴収して開く会合[22]」である。政治資金パーティーは食事を楽しむものではない。集金のためであり、出される料理も安いものが多い。互いに事情がわかっている。選挙が近づくといたるところでおこなわれる。

図書館資金パーティーの構造は政治資金パーティーと同様ではあるが、三つ違うようにする。一つ目は出される料理は、おいしいと満足してもらえるようにする。炭水化物などおなかがいっぱいになるものばかりでは全体的に見た目が悪い。満腹にはなるが満足感はない。せっかく参加するなら参加してよかったと思えるように、できるだけ見た目が美しくおいしいものを出す。そうすれば次回も参加してもらえる可能性がある。二つ目は著名人を呼ぶ。作家や編集者など、本と関係する人物をゲストとして呼んで話をしてもらう。ゲストの条件は図書館に理解がある人である。図書館側は依頼するときに事前に資金集めが目的であること、集めたお金の使途を丁寧に伝えることが大切である。たまに企業や団体が不祥事を起こしたとき、そのパーティーに芸能人が参加していたことがニュースで取り上げられることがある。その芸能人の印象は悪くなり、そもそもパーティーに芸能人が行かなくなる。したがって、著名人を呼ぶときは図書館でわざわざパーティーをおこなうことを理解してもらうことが大切である。三つ目は集めたお金の使用目的を最初に示すことである。「本棚を新たに買うのに二十万円必要」「乳幼児向けのカーペットコーナーを作るのに三十万円必要」などパーティーのチラシに大きく記し、そのための資金集めの集まりだと理解してもらってから券を買ってもらう。

券の発行枚数は緻密におこなう。パーティーにかかる費用（会場代や飲食代、ゲストへの謝礼）を算出し、パーティーで集めたい金額を合計する。そこから券一枚あたりの金額を考える。完売できるように設定する。必要な金額以上は集めないようにする。残ったときの扱いが大変である。「儲けが出たなら返金してほしい」と言う人が出る。次回に繰り越した場合、「私は、今回の会に賛同しただけであって」と言う人もいるだろう。そのつど集める方式が、参加者にとっても図書館にとっても望まれる。トラブルを未然に防ぐことができる。

6―11　映画やドラマのロケ地として

図書館が閉まっているときは、映画やドラマのロケ地として場所を提供して利用料金をとる。図書館を閉めているときに何にも使わないのはもったいない。閉まっているときも収入を得るような仕組みを作り実践すべきである。一案としてロケ地として貸すのである。

映画やドラマで図書館の場面をどれだけ見たことがあるだろうか。筆者の印象に残っているものは二〇一二年に公開された映画『北のカナリアたち』[23]である。映画のなかで吉永小百合が司書を演じた図書館のシーンがある。そのロケ地として埼玉県立浦和図書館が使われた。撮影にあたり、吉永は司書という役を演じるために、事前に浦和図書館の職員から書籍の取り扱いや背表紙に貼られたコードの意味などの説明を受けたようである。[24]

最近は図書館がドラマのワンシーンで使われることも多くなってきている。もっと利用されてもいいと考える。確かに、ワンシーンを撮るだけでも設営と撮影を含めると長時間になる。図書館の開館時間は長くなり、休館日が減っているため撮影に向かない図書館もあるだろう。ロケ地を探している人たちにとっては図書館を使えるなら使いたいのである。図書館で本を探している場面や過去の新聞記事を見ている場面がほしいときがある。ただ、ロケ地を探している人たちはそこでロケができるのかわからないことが多い。筆者も制作会社から、突然、電話で撮影に利用できるか聞かれたことが何度もある。自治体の広報課、もしくは映画などの撮影場所誘致や撮影支援をする機関であるフィルム・コミッションと連携して、撮影に使える時間帯と料金を示す。そうすれば場所を探している人の目にとまって利用されるだろう。

利用規約など決まりごとを作らなければならない。料金設定は図書館の規模や立地場所によって違うが、たとえば一時間五千円とする。これは光熱費と立ち会う職員の人件費も含まれる。あまり利用料金を高くしすぎるとロケに使われない可能性がある。当日にトラブルが発生しないように事前の打ち合わせが肝心である。ドラマによっては、図書館の場面が放送されたあとに視聴者の誤解を招くとして問題になったこともある。[25]せっかく撮影で使われたのに問題があってはもったいない。

制作側とよく確認をしてそもそも撮影を許可するのか否かを決めなければならない。撮影当日、許可条件が守られない場合は立ち会っている職員がその場で撮影中止命令を出す。

何度かロケ地として使われるようになれば、より使われるようになる。収入の一つの柱になるかもしれない。同時に自治体、図書館のPRになる。そうなるとおのずと来館者も増える。好循環になる。

6―12　補助金と助成事業を積極的に

これからは積極的に図書館に関係する補助金と交付金と助成金を獲得していくべきである。補助金や交付金などの情報が図書館の部局まで下りてこないこともあるため、図書館員は日頃から関心をもって情報収集すべきである。そして、図書館ではどのように活用できるか考えていくべきである。申請をする際には、役所内部の職員にわかりやすく丁寧に目的と効果を伝えなければならない。単純に図書館の予算が少ないから補うだけではなく、新たなサービスを開始するにあたって外部資金を獲得したいということを理解してもらえるようにする。そうすれば補助金や交付金をもらった分の予算を減額されることはないだろう。

補助金とは、「国又は地方公共団体等が、特定の事務、事業を実施する者に対して、その事務、事業を奨励、助長するために交付する給付金[26]」である。図書館と直接関係する補助金の例として自治総合センターのコミュニティ助成事業[27]がある。沖縄県糸満市ではコミュニティ助成事業を活用して、中央図書館に新しい移動図書館車くろしお号[28]を購入した。

交付金とは、「国または地方公共団体が特定の目的をもって交付する金銭[29]」である。図書館に関係するものとしては都市再生整備計画事業[30]（旧まちづくり交付金）がある。都市再生整備計画事業の活用例としては富山県魚津市がある。魚津市は中心市街地内の移動手段としてコミュニティーバスの整備・運行をおこない、「魚のまち魚津」の演出基盤になる港湾施設の拡充や整備をおこなった。そして街来者と居住者の憩いの場として、イベント空間も備えた図書館を整備して新しい街づくりをめざした[31]。それまでは魚津市民会館と図書館は隣接していた。市民会館の跡地に図書館を移転改築し、図書館跡地は自動車での来館者のための駐車場として二〇〇五年にオープンした。平日は午前九時から午後九時まで開館し、一日千人の利用があるようである[32]。

助成金とは、「特定の事業、研究等を行う者に対し、その事業、研究等の遂行を育成・助長するために交付する金銭[33]」である。二〇〇八年、図書館振興財団[34]が設立された。図書館振興財団は〇九年度から図書館事業の健全な発展を目的に、図書館振興事業に関与する機関・人材の育成、図書館の設立と運営に対する助成をおこなっている。一四年度は、小中学校の「調べる学習」推進活動に対する助成、小中学校図書館のＩＴ化推進に対する助成、特定コレクションに基づく図書館サービスの向上に対する助成、無人サービス施設（自動貸出・返却機）の実証実験に対する助成、以上についての募集をおこなった結果、十三件、総額五千七十三万六千八百七十円の助成を実施[35]している。

これら以外に国の委託事業がある。文部科学省では「地域の図書館サービス充実支援事業」がある。趣旨は「図書館は地域の学習拠点として重要な役割を果たしていて、地域や住民にとって役に立つ図書館として、より豊かで質の高いサービスを提供することができるよう、公立図書館の在り方に関する調査研究を行う」(36)というものである。文部科学省のウェブサイトには調査結果報告書として各地の取り組みがまとめられている。(37)筆者が在籍していた山中湖情報創造館ではＹＡ（ヤングアダルト）サービス充実手法の調査研究と実施としておこなわれた。(38)筆者は直接の担当ではなかったが、担当者が事務手続きに苦労していた印象がある。書類を作って役所内部の者にわかりやすく伝えることの大切さを知った。

外部資金の獲得は書類づくりから始まる。誰もが一度読んで理解できるものにしなければならない。図書館だけの議論にするのではなく、自治体の一部局として考え、ほかの部署とのつながりを意識したほうがいい。だから図書館の専門用語を使ってはいけない。「レファレンス」という言葉は一般的ではない。自治体内部の図書館のことを知らない、関係していない職員にわかってもらえるように意識することである。発想を変えれば、図書館を知ってもらう契機でもある。まだ一般的には「無料で本の貸し借りをしているところ」くらいにしか思われていないのは当然である。私たちだって戸籍係の仕事の詳細をどれだけ知っているだろうか。お金を出す側に対しても同様に、わかりやすく丁寧に話をもっていくことである。互いにスムーズな意思の疎通ができることが肝心である。

6—13 図書館保険

図書館での損害保険を考える必要がある。いっそのこと金融商品として保険会社が「図書館保険」を作ってもいいのではないだろうか。ここ数年の災害を見てそう思ったからである。一般的に災害は大雨による浸水、台風による強風や突風を原因とする建物の被害、地震による建物の倒壊、火災による焼失がある。図書館は大雨や強風、火災の危険性は低いほうである。災害のなかでも火災は特に低い。ただ、今後、カフェの併設や大型の機械を入れていればショートや漏電などの電気系統による火災発生もあるかもしれない。火災が発生するとスプリンクラーの作動、消火活動によって多数の本や雑誌、CDが損傷する。災害後の復旧にはお金がかかる。その金は保険金という形にしたほうがいいのではないだろうか。図書館での災害の被害例として次の五つを紹介する。

一つ目、二〇一四年八月、広島県広島市は大雨に見舞われ、大規模な土砂災害も発生した。広島文教女子大学附属図書館では大雨によって一階部分が浸水し、ラーニングコモンズ・書架などの施設だけでなく、雑誌や和装資料など所蔵資料への被害も大きく、当面の間閉館して復旧作業することになった(39)。その後、図書館一階資料室を除き、九月二十五日から開館(40)している。

二つ目、二〇一三年十月、千葉県茂原市は台風が接近した影響で一宮川が氾濫したため、茂原市立図書館が浸水した(41)。新聞記事によると書庫を含めて本棚の一段目にあった小説や辞書、専門書などさまざまな書籍約一万二千冊や床に設置してあった蔵書を管理する機器、インターネットの関連機器が水につかったようである。[42]

三つ目、二〇〇五年九月、練馬区立南大泉図書館では大雨によって外の手すりが設置してあるところまで水がきたようである。館内も被害を受けた。図書三万千三十一点、視聴覚資料千三百十点、紙芝居六百八十七点、雑誌その他四百六十六点、合計三万三千四百九十四点が被害を受けた。[43]

四つ目、一九九四年九月の豪雨によって大阪大学附属図書館が被害にあった。一メートルの浸水になった。廃棄図書冊数七千四百五十九冊、救助図書冊数三千七百十四冊となり、被災図書合計冊数は一万千百七十三冊[44]となった。被害の詳細は「大阪大学図書館報」に掲載されている。

五つ目、一九五九年四月、宮崎県立図書館は隣接の県町村会館から発火して飛び火したため全焼した。蔵書の大半や貴重な古文書類などは無事搬出された。[45]

金融商品として図書館保険があればこれらの災害に対しても保険金が下り、復旧が早まっただろう。ただ、保険料の設定は課題である。図書館保険は損害保険の一つだと考えることができる。損害保険の一つである火災保険は「火災などを原因とする建物や家財などの損害を補償する保険で、基本的には、住宅と家財に分けて保険金額が設定[46]」される。そして、保険金額は保険の対象になる建物や家財の評価額を基準に決める。評価額には「再調達価格（新価）と時価の二通りの種類[47]」がある。図書館にある本や雑誌、ＣＤなどを金額に換算してみたことはあるだろうか。高額である。仮に本一万冊が災害で利用不可能になったとする。本の場合、二〇〇〇年に出版されたものを現在買うとしても価格は同じである。日本図書館協会の一二年選定図書価格統計によれば平均価格は二千百十九円(48)（税抜き）である。一万冊×二千百十九円＝二千百十九万円（税抜き）である。これにラミネートフィルム代なども入れると本だけで高額になる。これではいままでの評価額の設定に当てはめるのは難しいと考える。保険会社にとっては金融商品として成立するために、自治体としても図書館復旧の際に高額な費用が必要になったときのために、互いが納得する保険の形を考えてみてはどうだろうか。

6―14 ロータリークラブとライオンズクラブ

ロータリークラブ、もしくはライオンズクラブの会員とつながりをもてるようになるといい。そして図書館の社会的な意義や地域に根づいた活動をおこないたいときに、その効果をきちんと伝えることができたら、資金援助があるかもしれない。筆者はあるとき、会員から「何か困ったことはないか？」と聞かれたことがある。そのときは、何か機材やもの、予算以上の新刊本がたくさんほしいわけではなかったため話が終わってしまった。その場ですぐに答えるのではなく、「一度じっくり考えてからお答えします」とでも言えばよかったと後悔している。

ロータリークラブとは社会奉仕の理想を掲げる世界的規模のクラブ団体である。一九〇五年、アメリカ・シカゴの弁護士ポール・パーシー・ハリスと三人の友人によって組織された。会員が持ち回りで自分たちの事務所を会合の場所にしたことから、ロータリー（回るという意）の名がついた。

構成員は原則として一業種一人に限られ、会員の推薦によって入会できる。奉仕活動にはクラブ奉仕や職業奉仕、社会奉仕、国際奉仕がある。二〇〇九年時点で二百以上の国と領域に約三万二千のクラブをもち、約百二十万人の会員がいる。日本では〇九年時点で二千三百一クラブ、九万二千六百六十四人の会員がいる。(49)

ライオンズクラブも世界的規模の社会奉仕団体である。本部はアメリカのシカゴにあるLions Clubs International である。Liberty, Intelligence, Our Nation's Safety（「自由を守り、知性を重んじ、われわれの国の安全をはかる」）というスローガンの頭文字をとって名づけられた。日本は二〇〇九年時点でクラブ数三千三百五十七、会員数十一万二千七百十五人である。(50)

それぞれのクラブの会員数をもう一度見てほしい。ロータリークラブは二千三百一クラブ、九万二千六百六十四人。ライオンズクラブはクラブ数三千三百五十七、会員数十一万二千七百十五人である。この人数を多いと見るか、少ないと見るか。図書館の来館者のなかにはロータリークラブ、ライオンズクラブの会員がいる可能性がある。図書館が地域社会でおこなっている、もしくはこれから実施しようとしていることが来館者にうまく伝わっていれば、それを見た会員が声をかけてくれるかもしれない。それぞれのクラブの活動目的や理念と合致するものがあれば、一緒に何かできるかもしれないのである。これは県立図書館などの大型図書館では広域を対象にするため可能性は低いだろう。しかし、市区町村の図書館では、サービスの対象地域がより限定されるために県立図書館よりは可能性が高いのではないだろうか。

6―15 延滞料金

借りた本の返却期限日を過ぎたものは、返却時に延滞料金をとることを考えたほうがいい。目的は収入と返却期限日を守ってもらうためである。返却期限日を過ぎると、一冊につき一日十円の延滞料が科せられるようにするのである。図書館のカウンターに延滞料金を扱うレジを置く。

筆者は一度だけ、延滞料金十円を徴収されたことがある。他の人が徴収されている場面も見たことがある。大学院生のとき慶應義塾大学三田メディアセンターで本を返したときである。スタッフから、本のバーコードを読み取った直後に「一日遅れましたので十円かかります」と言われた。十円だったので特に抵抗はなかった。慶應では休館日も加算されるようである。

十円ではなく百円だった場合、そもそも本の利用が減る可能性がある。また、十冊借りた人が一日でも遅れた場合は千円になり、批判や文句を言う人が出てくることは容易に想像できる。コピー料金と同様の金額であれば抵抗は少ないだろう。

海外では延滞料金を徴収している。特にアメリカでは厳しく徴収している。図書館界・図書館情報学に関する最新情報を紹介している国立国会図書館のウェブサイト「カレントアウェアネス・ポータル」では延滞料金についての紹介記事が何点か掲載された。少し古い数字だが、シカゴ公共図書館は千百万ドル（約十二億四千万円）、サンディエゴ公共図書館でも九十二万ドル（約一億円）の延滞料（いずれも二〇〇五年）を回収していた。[51] アメリカと日本では単純に比較はできない。ただ、これだけ延滞料があれば資料購入や館内の修繕に使うことができる。ペンシルベニア州の図書館では延滞者に対して一ドルの罰金が科せられるところを、かわりに缶詰などの食品を納めることで免除していた期間もあったようである。[52] フランスのパリ市アメリ図書館では、返却が遅れたときのペナルティーは一日につき大人は約十五円、未成年者約七円としている。[53]
　日本の公立図書館が、いますぐ大学図書館や海外の事例のようにすることはできないだろう。実施に向けて大きな課題がある。それは手間の問題である。レジなどお金を管理する機械について考えなければならない。貸出と返却の処理をするパソコンが置いてあるところにレジを置けるだろうか。金庫を置けるだろうか。考えなければならない。

6―16　ネーミングライツ（命名権）

　図書館にネーミングライツ（命名権）の導入を考えてみてはどうだろうか。ネーミングライツとは、「スタジアム、劇場、コンサートホールなどにおける、企業や個人などによる命名権のこと。こうした施設を運営する自治体や企業などが、運営資金の獲得などを目的とし、名称に社名、ブランド名、個人名などを付ける権利を販売する活動」[54] である。日本で初めてのネーミングライツ導入例は、東京都調布市の味の素スタジアムである。二〇〇三年三月から五年間十二億円で契約となった[55]。ネーミングライツは名前をつける権利を販売するだけであり、公共施設やサービスに影響を与えない。近年は歩道橋や公衆トイレへのネーミングライツを導入している自治体もある[56]。

日本の図書館では大阪府泉佐野市が二〇一四年四月から導入をしている。泉佐野市立中央図書館の愛称名は「レイクアルスタープラザ・カワサキ中央図書館」となった。契約金額は年間四十万円。契約期間は五年である。契約企業はカワサキ[57]である。図書館のウェブサイトを見ると泉佐野市立図書館と表記されている。トップページにあるアクセス地図を立ち上げると、中央図書館は「レイクアルスタープラザ・カワサキ中央図書館」として記されている。画面を下に動かすと佐野公民館図書室、長南公民館図書室の案内が記されている。

図書館にネーミングライツを導入する場合は、泉佐野市のような方法がいままでの来館者にとっても混乱がないと考える。一つの自治体に複数の図書館があれば、「〇〇市立図書館」としては名前を残す。そうすれば各館に導入しても大きな混乱はないだろう。

しかしながら、検討すべき課題もある。ここでは二点記す。一点目は金額の算定である。間違えると短期で名称が変わってしまうリスクがある。意気込んで大型契約となったものの、企業にとっては広告効果が低いと思ったら次は継続したいとは思わない。次回、継続するとしても金額を下げたいと自治体に交渉するだろう。自治体にとっては収入が減ることになるため再度募集をかけることになる。新たな業者になったら違う名称に変更になる。購入を希望する業者がいないことも考えられる。こうなっては資金調達失敗である。二点目は、企業名が入ることについて住民の反応をよく考えることである。図書館の名前は地域にちなんだものが多い。それがある日を境にして企業名が入った名称になる。特に図書館名を気にしない来館者もいる。一方で小さいときから通って愛着がある人もいる。図書館ができてから長いところでは控えたほうがいいだろう。新しく建てる場合はうまくなじむ可能性がある。バランスをとっていくべきだと考える。

注

（1）「平成二十年度包括外部監査結果報告書 選定した特定の事件（テーマ）荒川区立図書館の運営について」（https://www.city.arakawa.tokyo.jp/kusei/kansa/gaibukansa/h20gaibukansakekka.files/d05800155_1.pdf）［アクセス二〇一四年十一月十九日］を参照。

（2）「中野区立図書館業務要求水準書 中野区教育委員会」（http://www3.city.tokyo-nakano.lg.jp/tosho/lib_new/u10-6-4-2siryou.pdf）［アクセス二〇一四年十一月十九日］を参照。

（3）「神戸市物品会計規則事務取扱要綱」（http://www.city.kobe.lg.jp/business/promotion/commerce/shop/buppin.pdf）［アクセス二〇一四年十一月十九日］を参照。

（4）同ウェブサイト

（5）「アメニティB―コートR二十五m」「キハラ」（http://www.kihara-lib.co.jp/php/data.php?id=10387）［アクセス二〇一四年十一月十九日］を参照。

（6）「マガジンカバーアプト」「キハラ」（http://www.kihara-lib.co.jp/php/data.php?id=9930）［アクセス二〇一四年十一月十九日］を参照。

（7）「木製閲覧椅子（布）」「キハラ」（http://www.kihara-lib.co.jp/php/data.php?id=8702）［アクセス二

〇一四年十一月十九日」を参照。

(8)「平成二十六年度第二回北杜市図書館協議会会議録」(http://www.lib.city-hokuto.ed.jp/media/center/tosyokankyougikai_21.pdf)［アクセス二〇一四年十一月十九日］を参照。

(9)「山梨県の図書館二〇一三」(https://www.lib.pref.yamanashi.jp/files/06.pdf)［アクセス二〇一四年十一月十九日］を参照。

(10)「平成二十二年度包括外部監査報告書」(https://www.city.machida.tokyo.jp/shisei/gyousei/gaibukansa/kekka_shintyoku.files/H22honpen.pdf)［アクセス二〇一四年十一月十九日］を参照。

(11)「平成十五年度船橋市包括外部監査結果報告書監査の結果及び意見（その二）」(http://www.city.funabashi.chiba.jp/shisei/audit/0016/p002754_d/fil/gaibu5.pdf)［アクセス二〇一四年十一月十九日］を参照。

(12)「郡山市職員の特殊勤務手当に関する条例」(http://www2.city.koriyama.fukushima.jp/reiki/reiki_honbun/ac50401731.html)［アクセス二〇一四年十一月十九日］を参照。

(13)「下妻市職員の特殊勤務手当に関する条例」(http://www.city.shimotsuma.lg.jp/reiki_int/reiki_honbun/e010RG00000184.html#e000000135)［アクセス二〇一四年十一月十九日］を参照。

(14)「静岡県内市町における「集中改革プラン」及び「十八年指針」の取組状況手当の適正化（特殊勤務手当の見直し状況）」(https://www.pref.shizuoka.jp/soumu/so-210a/documents/02-2tokushukinmuteate.pdf)［アクセス二〇一四年十一月十九日］を参照。

(15)筑波君枝『こんな募金箱に寄付してはいけない——「ボランティア」にまつわるウソと真実』(青春新書インテリジェンス)、青春出版社、二〇〇八年、五〇—五一ページ

(16)河合美穂「ライブラリー・ショップ——図書館のセールス・ポイント」「カレントアウェアネス・

ポータル」（http://current.ndl.go.jp/ca952）［アクセス二〇一四年十一月十九日］を参照。

(17)「大阪市立図書館　中央図書館ライブラリーショップオープン（二〇一三年四月二十日）」（https://web.oml.city.osaka.lg.jp/topics/libraryshop2013.html）［アクセス二〇一四年十一月十九日］を参照。

(18)「千代田区立日比谷図書文化館　ライブラリーショップ＆カフェ日比谷（Library Shop&Café Hibiya)」（http://hibiyal.jp/hibiya/guide_11.html）［アクセス二〇一四年十一月十九日］を参照。

(19)「山中湖情報創造館　ライブラリーショップ」（http://www.lib-yamanakako.jp/guide/guide014.html）［アクセス二〇一四年十一月十九日］を参照。

(20)「埼玉福祉会」（http://www.saifuku.com/shop/ala/index.html）［アクセス二〇一四年十一月十九日］を参照。

(21)安形輝「公立図書館における予約数と複本数の推移——予約上位本の定点調査」「三田図書館・情報学会二〇一四年度研究大会」（http://www.mslis.jp/am2014yoko/07_agatateru_rev.pdf）［アクセス二〇一四年十一月十九日］を参照。

(22)「政治資金パーティー」「デジタル大辞泉」「JapanKnowledge」（http://japanknowledge.com）［アクセス二〇一四年十一月十九日］を参照。

(23)『北のカナリアたち』監督：阪本順治、配給：東映、二〇一二年

(24)「埼玉県ロケーションサービス　最新の撮影実績紹介」（http://saitama-ls.net/casestudy_new/）［アクセス二〇一四年十一月十九日］を参照。

(25)「日本図書館協会　図書館は読書の秘密を守ることについて（ご理解の要請）」（http://www.jla.or.jp/portals/0/html/jiyu/yousei.html）［アクセス二〇一四年十一月十九日］を参照。

(26)「補助金」「法律用語辞典（第四版）」「JapanKnowledge」（http://japanknowledge.com）［アクセス

二〇一四年十一月十九日］を参照。

（27）「自治総合センター　コミュニティ助成事業」（http://www.jichi-sogo.jp/lottery/comunity）［アクセス二〇一四年十一月十九日］を参照。

（28）「沖縄県糸満市 New「くろしお号」」（http://www.city.itoman.lg.jp/topics/201302/20130214_1.htm）［アクセス二〇一四年十一月十九日］を参照。

（29）「交付金」「法律用語辞典（第四版）」「JapanKnowledge」（http://japanknowledge.com）［アクセス二〇一四年十一月十九日］を参照。

（30）「国土交通省　都市再生整備計画事業（旧まちづくり交付金）」（http://www.mlit.go.jp/toshi/crd_machi_tk_000012.html）［アクセス二〇一四年十一月十九日］を参照。

（31）「都市再生整備計画を活用したまちづくり実例集」（http://www.mlit.go.jp/common/000111136.pdf）［アクセス二〇一四年十一月十九日］を参照。

（32）同ウェブサイトと「魚津市立図書館のウェブサイト」（［http://www.lib.city.uozu.toyama.jp/index.html］［アクセス二〇一四年十一月十九日］）を参照。

（33）「助成金」「法律用語辞典（第四版）」「JapanKnowledge」（http://japanknowledge.com）［アクセス二〇一四年十一月十九日］を参照。

（34）「公益財団法人図書館振興財団」（http://www.toshokan.or.jp/）［アクセス二〇一四年十一月十九日］を参照。

（35）「公益財団法人図書館振興財団　振興助成実績」（http://www.toshokan.or.jp/shinko_josei_jisseki.php）［アクセス二〇一四年十一月十九日］を参照。

（36）「地域の図書館サービス充実支援事業」（http://www.nier.go.jp/jissen/syakaikyouikuka/071012/

toshokan.pdf)［アクセス二〇一四年十一月十九日］を参照。

(37)「文部科学省「地域の図書館サービス充実支援事業」に関する調査結果報告書」(http://www.mext.go.jp/a_menu/shougai/tosho/houkoku/1282544.htm)［アクセス二〇一四年十一月十九日］を参照。

(38)「山梨県山中湖情報創造館 ＹＡ（ヤングアダルト）サービス充実手法の調査研究および実施——ジュニアライブラリアンによる地域を支える情報拠点づくり」(http://www.mext.go.jp/component/a_menu/education/detail/__icsFiles/afieldfile/2009/07/30/1282360_7.pdf)［アクセス二〇一四年十一月十九日］を参照。

(39)「広島県大学図書館協議会」(http://harp.lib.hiroshima-u.ac.jp/haul/index.html)［アクセス二〇一四年十一月十九日］を参照。

(40)「広島文教女子大学附属図書館 図書館の開館状況についてお知らせ」(http://www.h-bunkyo.ac.jp/library/news/riyo_annai_20141001.html)［アクセス二〇一四年十一月十九日］を参照。

(41)「台風二十六号で千葉県茂原市立図書館が被災」(http://current.ndl.go.jp/node/24634)「カレントアウェアネス・ポータル」［アクセス二〇一四年十一月十九日］を参照。

(42)「台風で一万二千冊水浸し再開のめど立たず 茂原市立図書館」「千葉日報ウェブ」二〇一三年十月十九日付(http://www.chibanippo.co.jp/news/national/161943)［アクセス二〇一四年十一月十九日］を参照。

(43)「図書館利用者と館長との懇談会」(http://www.lib.nerima.tokyo.jp/pdf/h22_4_log.pdf)［アクセス二〇一四年十一月十九日］を参照。

(44)「附属図書館本館の浸水特集号」「大阪大学図書館報」第二十八号、大阪大学附属図書館、一九九四年(https://www.library.osaka-u.ac.jp/publish/kanpou/115-116.pdf)［アクセス二〇一四年十一月十九日］を参照。

(45)「宮崎県立図書館 百年のあゆみ 図書館焼失」(https://www.lib.pref.miyazaki.lg.jp/ayumi/kenpon/kenpon01.html)［アクセス二〇一四年十一月十九日］を参照。

(46) 中村恵二／高橋洋子『最新保険業界の動向とカラクリがよ〜くわかる本――業界人、就職、転職に役立つ情報満載 第三版』(図解入門業界研究)、秀和システム、二〇一四年、一三〇ページ

(47) マネーライフナビ／さくら事務所『損害保険を見直すならこの一冊 第二版』自由国民社、二〇一四年、一二七ページ

(48)「日本図書館協会 二〇一二年 選定図書価格統計」(http://www.jla.or.jp/activities/sentei/tabid/494/Default.aspx)［アクセス二〇一四年十一月十九日］を参照。

(49)「ロータリー・クラブ」「日本大百科全書(ニッポニカ)」「JapanKnowledge」(http://japanknowledge.com)［アクセス二〇一四年十一月十九日］を参照。

(50)「ライオンズ・クラブ」「日本大百科全書(ニッポニカ)」「JapanKnowledge」(http://japanknowledge.com)［アクセス二〇一四年十一月十九日］を参照。

(51)「米国公共図書館の「延滞料」事情――「延滞料」を取る図書館と取るのをやめた図書館」「カレントアウェアネス・ポータル」(http://current.ndl.go.jp/e497)［アクセス二〇一四年十一月十九日］を参照。

(52)「延滞の罰金の代わりに缶詰を 米国ペンシルバニア州の公共図書館で延滞者に呼び掛け」「カレントアウェアネス・ポータル」(http://current.ndl.go.jp/node/19897)［アクセス二〇一四年十一月十九日］を参照。

(53) 大村浩子『世界の図書館を訪ねて――物語の故地に立ち寄りながら』そよかぜIIけぐり文庫、二〇

一四年、九二―九三ページ

(54)「ネーミング・ライツ」「情報・知識 imidas」「JapanKnowledge」(http://japanknowledge.com)［アクセス二〇一四年十一月十九日］を参照。

(55)「ネーミングライツ（命名権）」「現代用語の基礎知識」「JapanKnowledge」(http://japanknowledge.com)［アクセス二〇一四年十一月十九日］を参照。

(56) 東洋大学ＰＰＰ研究センター編著『公民連携白書二〇一三―二〇一四――省インフラ』時事通信出版局、二〇一三年、二一―二四ページ

(57)「市の施設への「ネーミングライツ（命名権）パートナー企業」が決定!」「広報いずみさの」二〇一四年四月号、泉佐野市役所（http://www.city.izumisano.lg.jp/ikkrwebBrowse/material/files/group/35/20140402.pdf)［アクセス二〇一四年十一月十九日］を参照。

おわりに

本書の第2章から第6章までに叙述したことをすべて一つの図書館でおこなうのは不可能である。実施する場合は、地域のそれぞれの実情を分析して取捨選択することになる。図書館業界はある一つのことが話題になるとみんな一斉にそちらに注目し、そっくりそのまままねをしようとする。これはよくない。環境が違えば多少の応用は必要である。設置規模、立地条件、予算などが違う。考慮することは多くある。

さらに一般的に考えると、第6章に続けて、事業評価と管理運営について述べなければならない。この二つはテーマとして重く、それぞれ一冊の本になってしまうものである。本書の全体を考えたときにバランスが悪いと考えて記さなかった。

図書館の事業評価は定期的におこなわなければならない。使ったお金に対して活動実績がどれほどあがったのか見なければならない。そして、今後このまま推進するのか、軌道修正するのか判断する。どれだけの想像と創造があったのかを確認しなければならない。

ただ、評価、分析をおこなうのは容易ではない。現状では、一般的に普及している項目を組み合わせることによって利用状況を見ている。たとえば、個人で本などを借りた貸出冊数と図書館で開催した行事には相関があるのだろうか。本の貸出にはどれだけの人件費がかかっているのか、どれだけの時間がかかっているのか。ほかにも分析する事柄はたくさんある。一時期、図書館業界では図書館評価がはやった。どのように現象を捉えて分析をおこない、次の活動につなげていくのか、実践と研究が必要な分野である。

図書館の管理運営については図書館のユーザーであっても、図書館で働いていない人にはよくわからないというのが普通である。図書館で働いている職員はすべて公務員とはかぎらない。民間事業者などが運営している図書館もある。図書館や博物館などの公の施設の管理と運営を自治体の直営ではなく、企業や財団法人、ＮＰＯ法人などが代行でおこなう指定管理者制度というものがある。だが、図書館を使っている側にしてみればカウンターで対応するのは公務員か民間人かは関係ない。

筆者は自治体と指定管理者との連携は対等な関係でおこなうべきだと考える。日頃から些細なことでもコミュニケーションを取り合っていかなければならない。互いが鏡の関係である。自治体の方針と指定管理者の思いが合致し、一つの方向に歩いていけるように、互いが歩調を合わせていかなければならない。

なお、本書に記した意見などは個人の見解に基づくものであり、所属を代表するものではない。つまり、公式見解ではない。

最後に青弓社の矢野恵二氏には厚くお礼を申し上げたい。

二〇一四年十一月二十日

吉井 潤

[著者略歴]
吉井 潤（よしい・じゅん）
1983年、東京都生まれ
早稲田大学教育学部卒業、慶應義塾大学大学院文学研究科図書館・情報学専攻情報資源管理分野修士課程修了
2006年、山中湖情報創造館（ライブラリアン）、09年、練馬区立南田中図書館副館長、10年、新宿区立角筈図書館副館長をへて、13年から江戸川区立篠崎図書館・江戸川区立篠崎子ども図書館館長
地域資料デジタル化研究会理事、三田図書館・情報学会会員、日本図書館協会会員
共著に『図書館の活動と経営』（青弓社）

29歳《さい》で図書館長《としょかんちょう》になって

発行——2015年2月20日　第1刷
定価——2000円＋税
著者——吉井 潤
発行者——矢野恵二
発行所——株式会社青弓社
〒101-0061 東京都千代田区三崎町3-3-4
電話 03-3265-8548（代）
http://www.seikyusha.co.jp
印刷所——三松堂
製本所——三松堂

ISBN978-4-7872-0054-9 C0000